決算書分析はこれで決まり!!

企業通信簿

GFS

GFSで企業を変える!

公認会計士・税理士
戸奈 常光
Tsuneaki Tona

風詠社

はしがき

もう 40 年程前になりますが、日替わりで監査のためにいくつもの子会社を訪れていました。限られた時間の中で仕事を効率化するため、その企業を知るのに決算書を見て直感的に理解する方法はないのかと考えていました。ちょうどその頃、アメリカ製のパソコンが入ってきて、BASIC による決算書分析のプログラムがパソコン雑誌に掲載されました。これを改良し開発することが、その後の私のライフワークとなりました。

GFS と名付けた決算書分析ツールは、当初は中小企業の経営改善目的でデータは手入力ですが大いに役立ちましたが、上場会社を分析したいとの思いは捨てがたく開発を続けてきました。本書で「企業通信簿」という形でリリースできたことは望外の喜びです。

ツールをネットからインストールして利用するため、本書はマニュアル本の位置づけとなるのですが、決算書や伝統的な財務分析の基礎についても解説しております。会計知識のある方は、パスして事例や操作について知っていただくのがいいと思います。

決算書分析を通して『GFS で企業を知る』ことが一般的かと思いますが、それにとどまらず『GFS で企業を変える』を目指していただきたいというのが著者の本当の願いです。中小企業に対して有効な経営改善手法が上場企業でも利用可能だと期待しているわけです。

当初の決算書分析ツールから企業通信簿に至る長期間の開発には、友人である㈲イオ研究所代表の入江　孝氏の大変なご尽力をいただきました。氏の協力無しには GFS も本書もあり得ません。心より厚くお礼申し上げます。

また、できるだけ多くの方にこの分析ツールを利用いただきたい。そのためには是非、紹介と操作方法の解説本をとの願いを㈱風詠社が実現してくださったことに対し感謝申し上げます。

2019 年 9 月

著　者

目　次

プロローグ

基礎編 1　決算書を理解しよう

基礎編 2　伝統的な財務分析手法を理解しよう

事例編

Coffee Break

操作編

プロローグ

決算書分析の要約書が企業通信簿

企業の決算書を分析しようとするときに、以前は2つのハードルがありました。1つは分析をするための決算書を入手することの困難性でした。しかしこのハードルは今や電子開示システムで解消しました。最近の日産自動車問題で有価証券報告書やそれに記載される役員報酬が、一般の方にも広くその存在が知られるようになったことは皮肉です。有価証券報告書がEDINET（Electronic Disclosure for Investors'NETwork）という電子開示システムで誰でも自由に閲覧できるようになりました。それは、企業情報の宝庫です。

2つめのハードルは決算書分析ツールの問題です。決算書分析の優れた解説書はあふれています。しかし、自分の選んだ企業を自由に分析するツールは残念ながら見当たらなかったのではないでしょうか。EXCELを利用したものや入力して分析が可能となるものはありますが、企業の全体像をとらえ、簡単に分析できるツールは見当たらなかったと思います。今回、筆者が開発した決算書分析ツールでこれを解決しました。

企業通信簿

株式会社ニトリホールディングス　　分析対象期：平成３１年２月 通期【連結】

Ｉ．収益性評価（損益計算書）

当社の対象期の収益性評価の基本指標は次の４つです。（　　）は、対象期末を含む過去５年の平均値です。

（１）売上高　608,131百万円（513,715百万円）　（２）営業利益　100,779百万円

（３）経常利益　103,053百万円（85,682百万円）　（４）親会社帰属利益　68,180百万円（56,163百万

収益性を評価する重要指標は営業利益率、経常利益率、当期利益率などで、各々の利益と売上高との比率です。

（５）対象期の営業利益率　16.57%　（６）経常利益率　16.95%（16.68%）

（７）親会社帰属当期利益率　11.21%（10.93%）

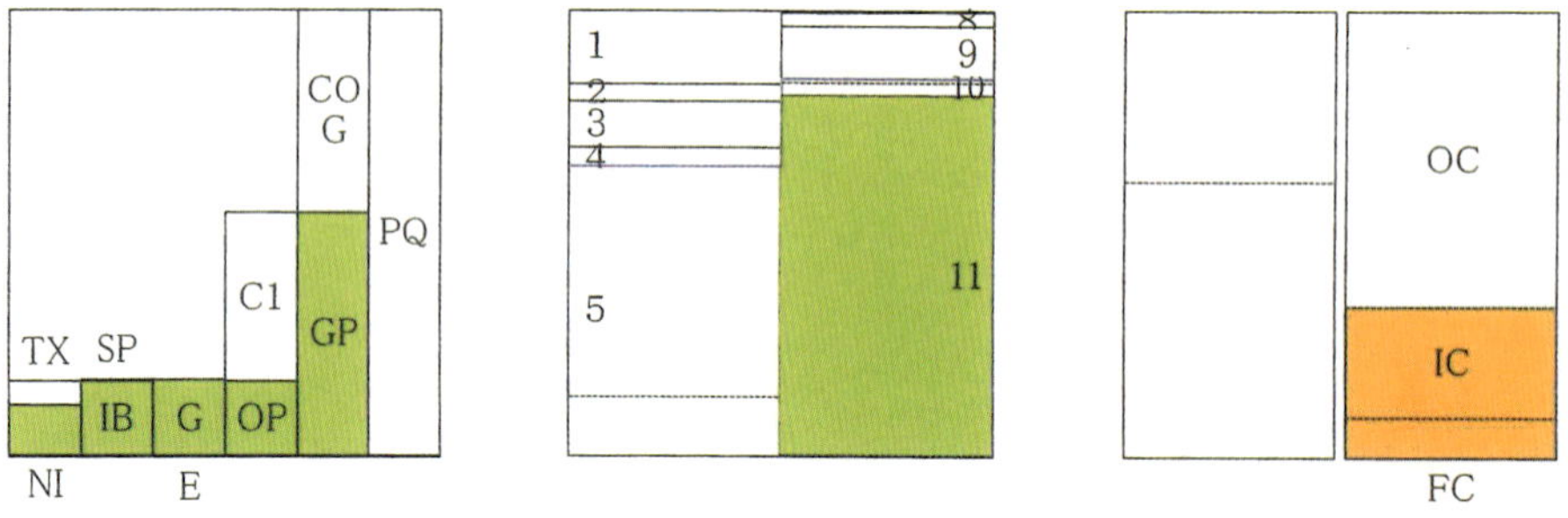

P／L図形分析　B／S図形分析　C／F図形分析

本書はEDINETから上場企業等のデータを取り込み、変換して企業の損益計算書（P／L）、貸借対照表（B／S）、キャッシュフロー計算書（C／F）の財務3表と呼ばれている3つの決算書を分析して企業の実力を「企業通信簿」として提示しようとするものです。企業通信簿は、3頁にわたってプリントされるようにしています。その最初の部分を上に示しています。伝統的な財務分析手法の収益性分析、健全性分析、資金性分析そして成長性分析を3つの決算書と関連づけております。

プロローグ

分析は分析ツールのGFSで

図形決算書分析を利用する

決算書を直感的に理解するための分析ツールとその図形表示をGFS（Grafic Financial　Statements)と名付けた

ＧＦＳの基本形

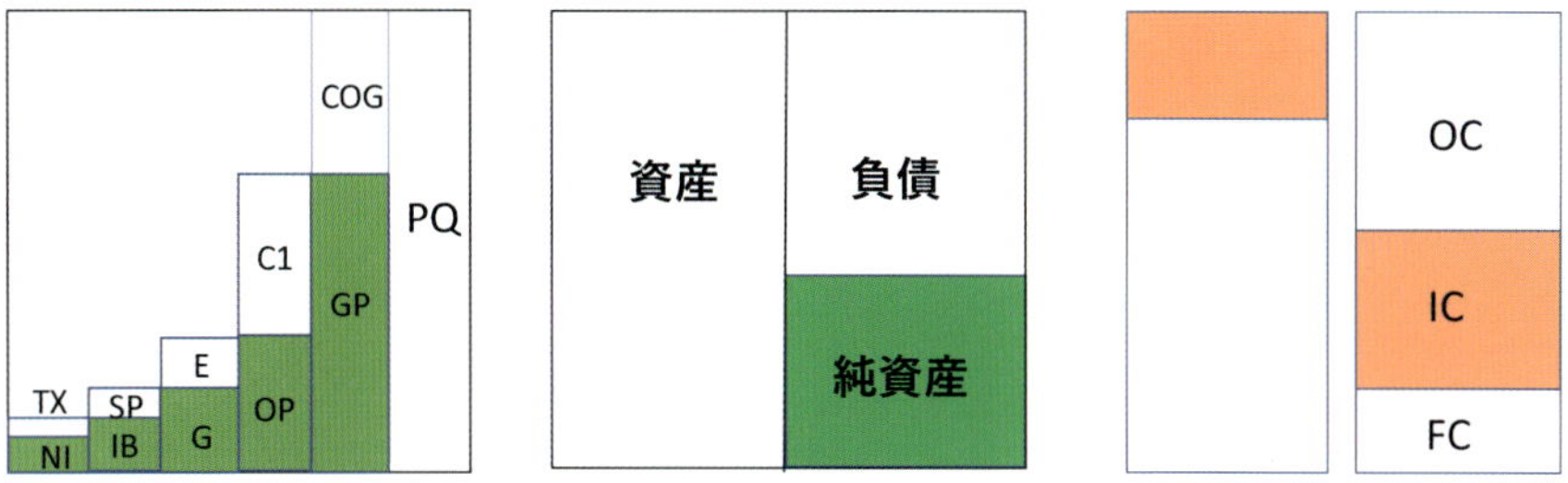

損益計算書　貸借対照表　キャッシュフロー計算書

本書は、私がGFS(Graphic Financial Statements)と名付ける図形決算書分析ツールを使って企業の決算書分析を行うことを基本としています。ツールは筆者の会計事務所のホームページからインストールして利用します。GFSはもともと中小企業の経営改善のために決算書を図形で表現して直感的に会社を理解するために開発しました。しかし、その後上場企業の決算書分析を可能とするため、EDINETからデータを取り込み、図形表示で直感的な理解につなげるようにしました。決算書を図形（イメージ）で表現することで、直感的に理解し、数値情報と合わせ企業の決算書を分析しようとするものです。決算書（財務3表）の図形イメージは上のようなものです。一般投資家の方が関心ある分析値も含めております。

P/L（損益計算書）のイメージは、基礎編で解説しております売上総利益（GP）、営業利益（OP）、経常利益（G）、税引前利益（IB）、当期純利益（NI）の5つの利益概念の基準となる売上高（PQ）を加えた6つの縦棒で表示して、それぞれの利益が算出される売上原価（COG）、販売費管理費（C1）、営業外損益（E）、特別損益（SP）、法人税等（TX）の5つの費用（控除項目）概念を表示しております。売上高から最後の当期純利益までのこの利益とそれらが算出される費用（控除項目）の相対的な大きさを図形から読み取ることで金額の大小イメージを把握します。金額自体も合わせて表示していますので、確認することも容易にできます。

B/S（貸借対照表）の正方形イメージは、今や一般的になっています。左側に資産、右側に負債と資本（純資産）を表示しています。それぞれの大きさを相対的に知ることができます。純資産を緑色にすることで直感的に企業の健全性の程度を判断できます。

C/F（キャッシュフロー計算書）のイメージは筆者が考案したもので、2本の長方形が並んでいます。右側の長方形はキャッシュフローの3つの構成要素である営業キャッシュフロー（OC）、投資キャッシュフロー（IC）、財務キャッシュフロー（FC）を相対的な大きさで表現し、プラスを白色、マイナスをオレンジ色で表すようにしています。左側の長方形はキャッシュ（現金等価物）の当事業年度中の増減を総額との相対値で上の線（期首）から下の線（期末）までどれだけ増減したのかを増加は白色、減少はオレンジ色で表すようにしてあります。

プロローグ

企業の経営状況を詳細にそして新鮮に！

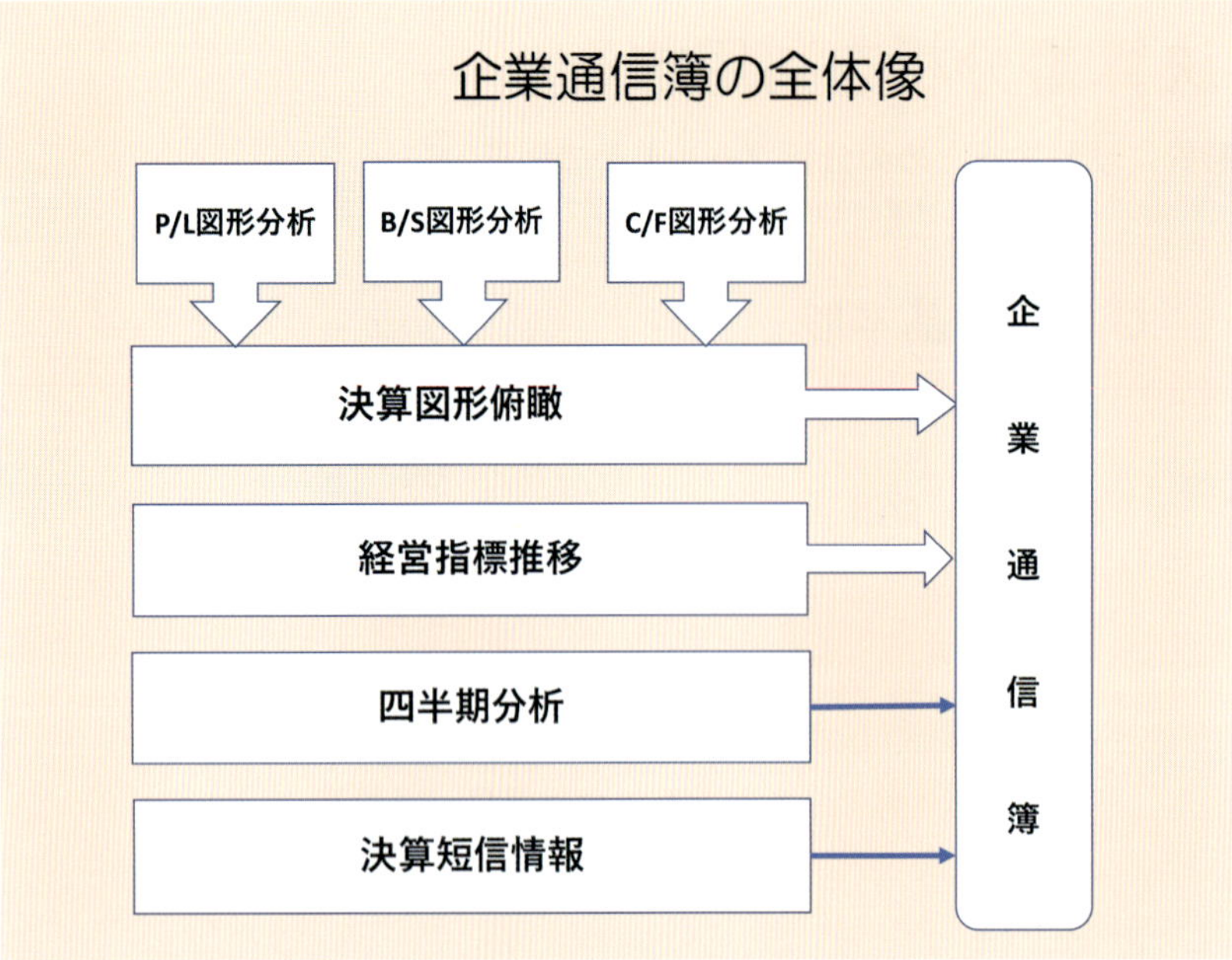

企業通信簿に至る分析方法はP／L、B／S、C／Fの財務3表を個別に分析し、その結果を理解することから始めます。財務3表の個別の分析によって、それぞれの決算書を詳細に知ることができます。各分析に対して評価者はコメントを付すことができるようになっています。このコメントは企業通信簿に反映されます。是非、評価者はコメントを付すよう努めて頂ければと思いますが、コメント無しでも分析は勿論可能です。

財務3表の個別の分析を1つにしてその要旨を理解するようにしたのが、「決算書図形俯瞰」です。企業の決算書の図形イメージを全体的に俯瞰することができます。決算書図形俯瞰は、ツールメニューで自動的に行えます。

財務3表の個々の分析や決算書図形俯瞰は、特定の年度（単年度）を対象としています。それは企業活動のある時点、いわばピンポイントと言えるかもしれません。企業は継続した流れの中にあります。過去から現在までどのように変化してきたのかを5期間の主要な経営指標について分析したのが「経営指標推移」です。企業が公表した数値データを表示するだけでなく、これをグラフ化して企業の時間軸の中での変化を直感的に理解できるようにしています。経営指標推移は、過去から現在を捉えると同時に将来を想起させるものでもあります。

企業の決算は基本的に1年毎です。しかし、時間の経過とともに企業の状況は変化していますので、次の決算期までの1年を待たずできるだけアップデートした情報を取り入れる必要があります。企業は3ヶ月毎の四半期報告を行っていますので、この四半期決算情報を財務3表と関連させ、GFSは「四半期分析」として提示しております。

次年度決算の分析にも考慮すべき点があります。企業が年度決算を発表してから正式にEDINETで公開されるのは1～2ヶ月後になります。株主総会が終了しないと公開できないためです。そこでこれを待つことなく決算発表情報を手入力とはなりますが、分析したものを「決算短信情報」として経営指標推移の当期情報分の前取りとして表示することを試みております。これも四半期分析と並んで決算書分析のアップデート化の試みです。1～2ヶ月後の正式の決算書分析の先取りとなります。

プロローグ

習熟者のための企業通信簿アプローチ

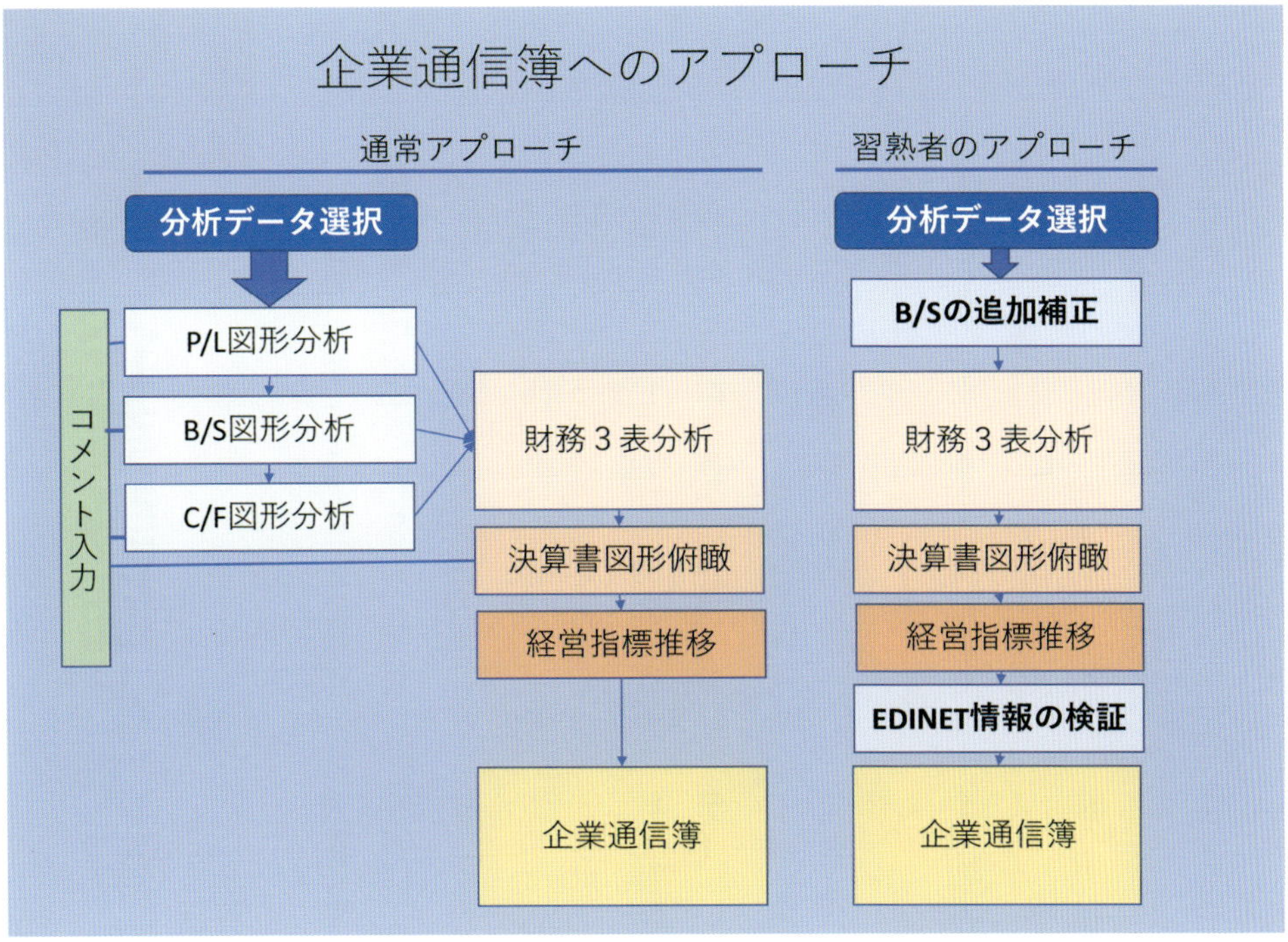

企業通信簿へのアプローチ方法は前述のように「企業通信簿の全体像」で示したとおりの方法をとるのですが、上の図に通常アプローチとして改めて示しております。

企業通信簿へのアプローチは通常はこれで全く問題ありませんが、GFSは企業の現状をできるだけアップデートするためにデータの補正入力メニューを持っています。詳細は操作編と事例編を見ていただきたいのですが、最新の株価入力による時価総額の確定などです。

企業通信簿でも時価総額を情報として含めておりますが、この時価総額はEDINET公開データの期中平均株価から算出したものですから最新ではありません。補正入力で算出する時価総額は評価者がその時点での最新データです。

習熟者の方に是非お願いしたいもう1つの点は、財務3表分析や決算書図形俯瞰で評価者の疑問点をEDINETの原データで検証したり確認したりしていただきたいのです。疑問点はいろいろあると思いますが、5つの利益概念の異常性や主要指標推移の異常性などがないかは重要な必須点です。

GFSはIFRSを視野に当面日本基準で

現在、我が国の上場企業には3つの会計基準が認められています。日本基準、米国基準、そして国際財務会計基準（国際会計基準）です。国際会計基準は、IFRSと通常表記されます。大半の上場企業は日本基準ですが、グローバル化した有名巨大企業を中心にIFRSへの移行が進んでいます。IFRSの重要性は無視できませんが、まだ企業数で10%弱です。

GFSは日本基準の上場企業を原則として対象としています。そして日本基準でも金融業（銀行、保険、証券等）は決算書の形式が全く異なるため、分析対象から除外しております。ご了承ください。

本書では、IFRS適用企業に対しては現在電子開示データが不完全なため、今後EDINETデータが成熟化すれば、これに対応していきたいと考えております。

まず好きな会社の分析を！

本書は基礎編、事例編、操作編となっていますが、操作方法をご理解いただいてご自分の関心ある企業の企業通信簿をまずご覧ください。

基礎編は会計知識のある方はパスいただいても結構です。

プロローグ

企業評価と決算書

日経新聞は2015年まで毎年年末近くにNICES（ナイセス）という上場企業総合ランキングを発表していました。NICESは、どのように評価して決めているのかを示したのが下の図です。

NICESはまず上場企業1000社を選びます。それとNEEDSという日経新聞が所持している財務データをベースにします。それからアンケートを企業に対して送り、その回答も参考に時価総額、配当、利益率、売上高、納税額、消費者の認知度、女性の活用、従業員の定着率、多様な人材活用、雇用の確保、環境対策の11項目で評価します。その場合の評価の視点は基本的にステークホルダーです。投資家、消費者や取引先、それから従業員、あるいは社会、これらのステークホルダーの観点から考えるわけです。さらに将来に対する潜在力。これらを総合的に評価して点数をつけ発表しています。2015年の上位8社を参考のために記載しますと、セブン&アイホールディングス、味の素、村田製作所、東レ、ファーストリテイリング、NTTドコモ、KDDI、花王です。2015年以降発表されなくなった理由は解らないのですが、企業のグローバル化やM&Aの増加、コンプライアンス思考など企業評価の物差しの多様化ではないかと考えております。

しかし、ここで強調したいのは、企業を評価する物差しが非常に多いとしても、その根幹にあるのは財務情報であるということです。企業評価のためには決算書を離れて行うことは難しいことをご記憶頂ければと思います。

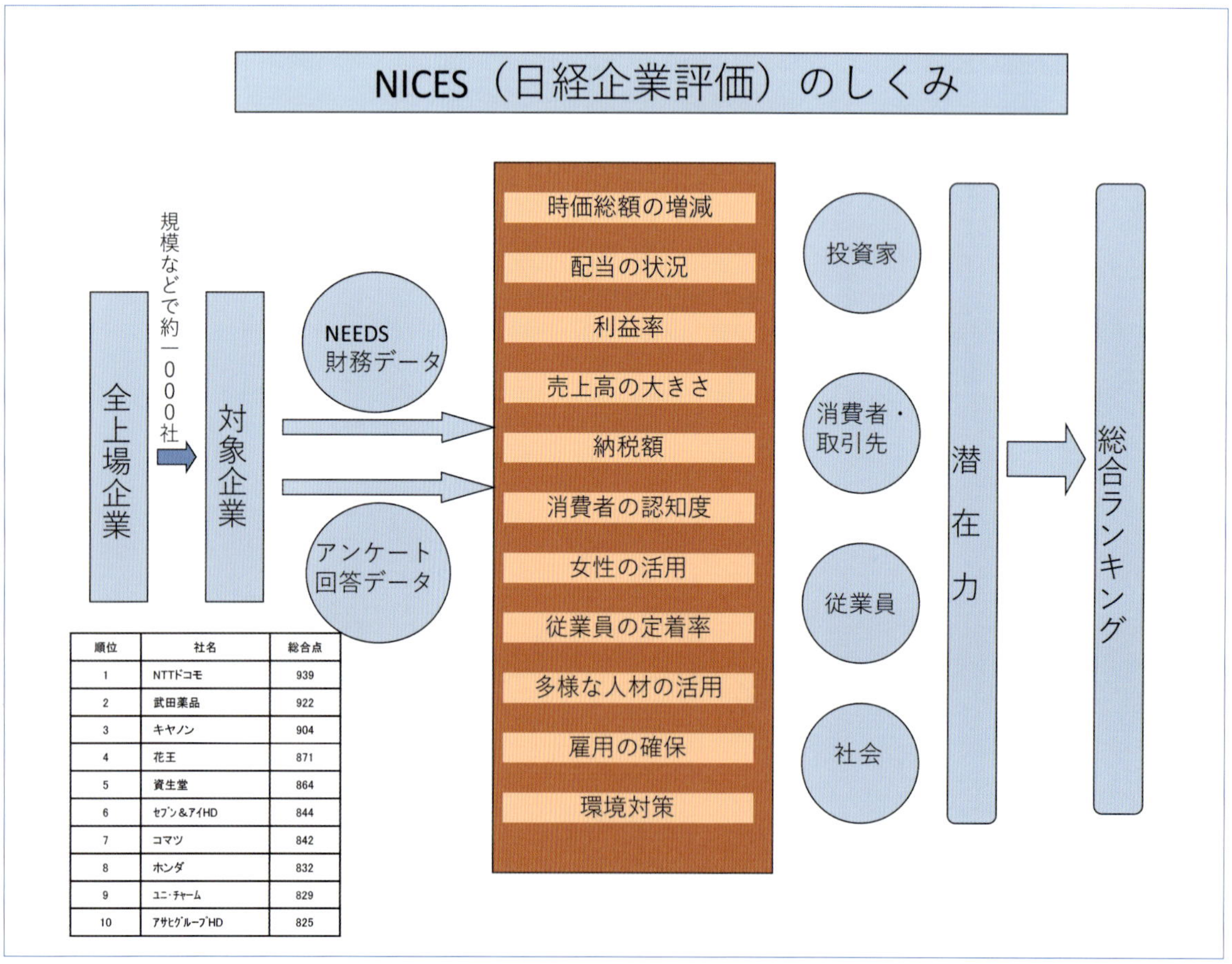

順位	社名	総合点
1	NTTドコモ	939
2	武田薬品	922
3	キヤノン	904
4	花王	871
5	資生堂	864
6	セブン&アイHD	844
7	コマツ	842
8	ホンダ	832
9	ユニ・チャーム	829
10	アサヒグループHD	825

プロローグ

ＧＦＳで企業を変える！

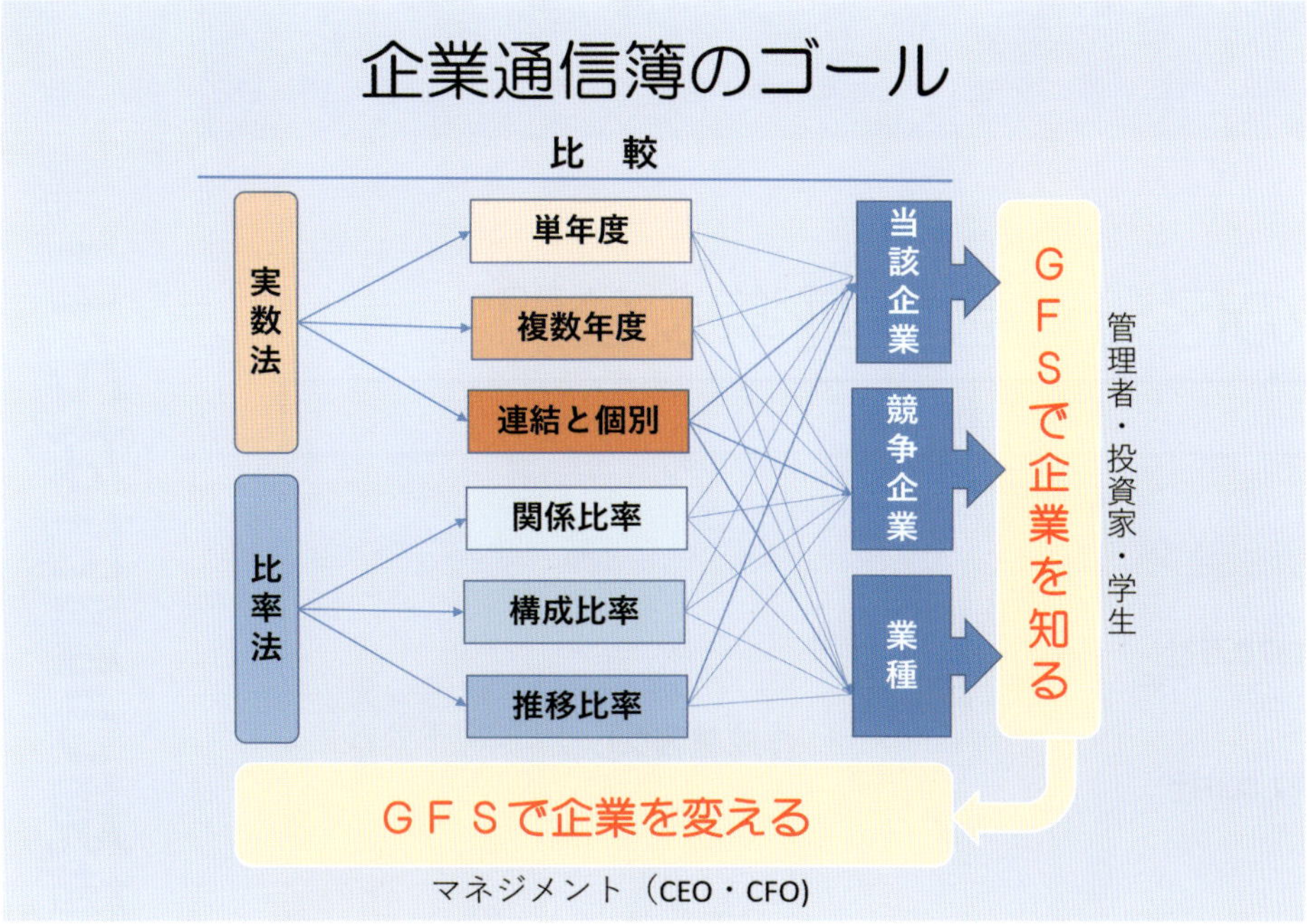

企業評価が様々な要因から判断される多面性を持つのと同様に、企業評価の中核を担う決算書分析も上の図で表していますように多面的です。多くの要因から分析し評価できます。

決算書分析は多面的であると共に相対的です。分析が「比較」という手法を基本としているためこれは避けられません。優良企業の基準として自己資本比率40％以上とか、ＲＯＥ10％以上とかと言われてもあくまでそのような絶対的基準があるわけではありません。それぞれの評価者が自身の評価基準を持つしかありません。

企業通信簿はＧＦＳという決算書分析ツールにより企業を分析し、評価者（管理者・投資家・学生等）にその情報を提示します。評価者は自己の持つ基準を意識しながら、その情報を基に企業を評価するわけです。企業通信簿は、ＧＦＳで各評価者に企業を知る手段（情報）を提供する役割を担うわけです。

筆者は30年以上前にこのツールの開発を始め、15年ほど前に「決算書分析ツール」を上梓した段階では、分析の対象を中小企業とし、経営者に図形による決算書からそれぞれの企業の改善点を示し、企業を変えていく指針としてきました。2005年の個人事務所開設以来、名刺にも『ＧＦＳで会社を変える』を会計事務所の経営指針としてきました。

今般、上場企業の決算書分析を可能とするための本書、企業通信簿が一応の完成を見ましたが、当初は中小企業と違い上場企業の決算書分析は企業を知る道具に留まると認識しておりました。確かに一般の評価者は企業通信簿により『企業を知る』ために使っていただくことになりますが、上場企業のマネジメント（ＣＥＯ・ＣＦＯ等）にとっては『企業を変える』ツールになるとの思いに至りました。上場企業も規模の大きさは違え、中小企業と同様多くの改善点を内包しているはずです。ＧＦＳという決算書分析ツールは、企業を知るツールから、企業を変えるツールへ進化させることが可能との認識に至りました。

ガバナンス環境の厳しい中ですが、マネジメントは企業を変える必須の指標を目標と定め、これを達成するためのミッション・戦略・戦術を駆使して企業を変えていただくことを期待します。

一般の評価者も自らが企業を変えることはできないかもしれませんが、変えるべき形や指標を意識し、どのように変わっていくのかを注視すべきではないかと考えます。

こんなに違う規模と会計基準

会社の区分と会計基準＆公開

<table>
<tr><th colspan="5">会　社　法</th></tr>
<tr><th rowspan="2">区分</th><th rowspan="2">会社数</th><th colspan="2">財務諸表・会計基準</th><th rowspan="2">公開</th></tr>
<tr><th>個別(単体)</th><th>連結</th></tr>
<tr><td rowspan="2">中小企業等</td><td rowspan="2">約270万社</td><td>中小会計指針</td><td rowspan="3">作成義務なし</td><td rowspan="3">決算公告（電子公告）</td></tr>
<tr><td>中小会計要領</td></tr>
<tr><td>会社法大会社</td><td>約7,800社</td><td rowspan="4">日本基準</td></tr>
<tr><td rowspan="2">上場会社</td><td rowspan="2">約3600社</td><td>日本基準</td><td rowspan="3">EDINET</td></tr>
<tr><td>米国基準</td></tr>
<tr><td>上場会社　以外の金商法開示会社</td><td>約600社</td><td>IFRS（国際会計基準）</td></tr>
</table>

1.「上場会社以外の金商法開示会社」とは、大きな増資などを行った会社である。
2.「会社法大会社」とは、資本金5億円または負債総額200億円以上の会社である。

日本には300万社以上の企業があると言われていますが、企業（法人）は会社法の定めに則り決算書を作成し、公開することになっています。その大半を占める中小企業は、会社法の下で具体的な会計の基準である中小会社会計指針とその具体的な中小会社会計要領に従うことになっています。

上場企業ではありませんが「会社法大会社」という資本金が5億円以上または負債の額が200億円以上の会社は、上場企業に近い厳格な会計基準が適用されるとともに独立した専門家（会計監査人）による監査を受けることが義務づけられています。信頼性が高いと言えます。

しかし、中小企業や会社法大会社の決算書の内容は、会社法の公告制度で決算書の公告義務は定められていますが、すべての企業が公告しているか疑問があり、また公告される決算書の内容も損益計算書は含まれず、貸借対照表のみで良いなど部分的です。概して言えば、決算書の全体を知ることは難しいのが実情です。

上場会社は、会社数の全体の1パーセント程度ですがGNPに占める割合は大きく、我が国経済に大きな影響を与えています。EDINETという電子開示制度で決算書は公開され、誰もがその内容を知ることができますし、独立の会計監査人により監査を受けていますので、信頼性も高いものがあります。本書は、この上場企業の決算書を対象とし、その分析方法を解説しようとするものです。プロローグで説明したところです。

上場企業が公開する決算書のもう1つの特徴は連結決算書が原則であることです。詳しくは別のところで説明していますのでご覧いただくとして、企業集団のグループ決算書が基本となっています。個別計算書（親会社決算書）も同時に公開されますので連結と個別の両面から分析可能です。GFSでも両方を分析できるようにしております。

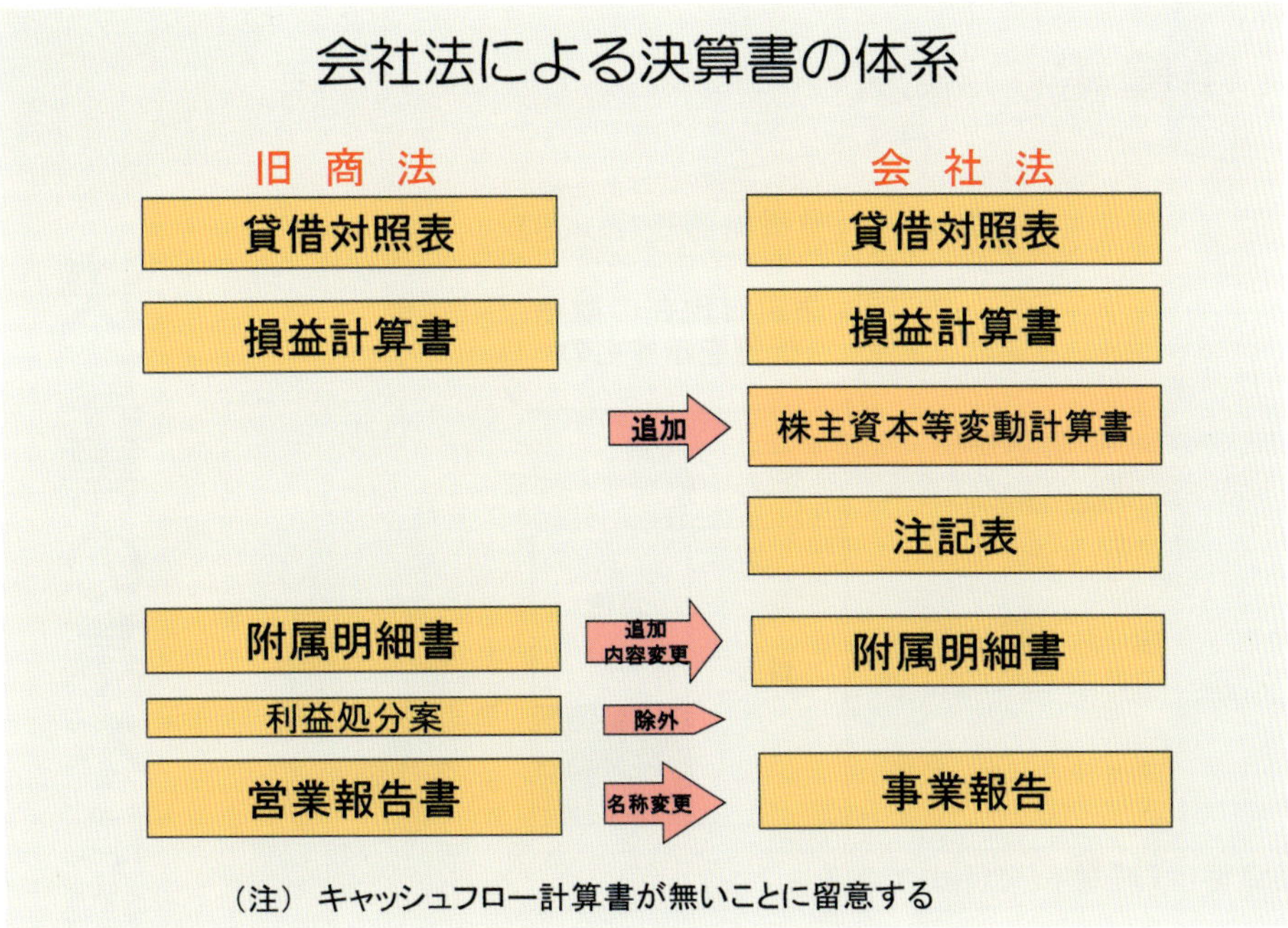

基礎編
1

すべての企業が作成している会社法の決算書

ＥＤＩＮＥＴで公開される企業は、公開のための会計基準に従うと同時に、まず我が国の基本法である会社法に定める決算書の体系に従っています。その体系は上に示したとおりです。詳細についてここでは述べませんが、是非上場企業の株式をお持ちの読者の方は企業から送られてくる「定時株主総会招集通知」をご覧いただきたいです。この招集通知は、株式を所有する投資家に送られてきますので、会社法の決算書の体系を理解するのに最適なものです。決算書以外のいろいろの会社の情報も記載されています。

貸借対照表と損益計算書は一般によく知られていますので、ここでは他の決算書について触れておくことにします。「株主資本等変動計算書」は、一言で言えば貸借対照表の資本の部の明細書です。資本の部は純粋の資本と利益が合体したもので、この内容の期首から期末までの当期中の変化と明細が開示されています。「注記表」は、数値情報も含んでいますが、基本的には会計方針を中心とした説明情報を記載するものです。「附属明細書」は、固定資産や引当金等の当期中の変動明細と位置づけることができます。「事業報告」は、旧商法の営業報告書を引き継いだものですので、事業の状況を文章と数値で説明した報告書ということができます。キャッシュフロー計算書は、会社法では作成が義務づけられておりません。上の図には見当たりません。ご記憶ください。

現在の会社法の前身である明治時代以降の我が国商法は、ドイツ法を基準にしたこともあって、配当などの決定は株主総会決議でしかできませんでした。配当は利益を処分するものという考え方でしたので、役員の賞与なども利益の分配という考えに立っていました。近年、英米法の影響からか配当も一定条件のもとで、上場企業では取締役会決議で配当を決定できるようになりました。役員報酬も利益の処分の考えが薄れ、費用の考えが一般的となってきました。

決算書の体系の変化と並んで利益の中身も変化してきています。

会社法は上場企業については、連結計算書類の作成と株主総会への提出も規定していますので、招集通知に連結決算書も含まれています。

基礎編
1

決算書の基本は損益計算書と貸借対照表

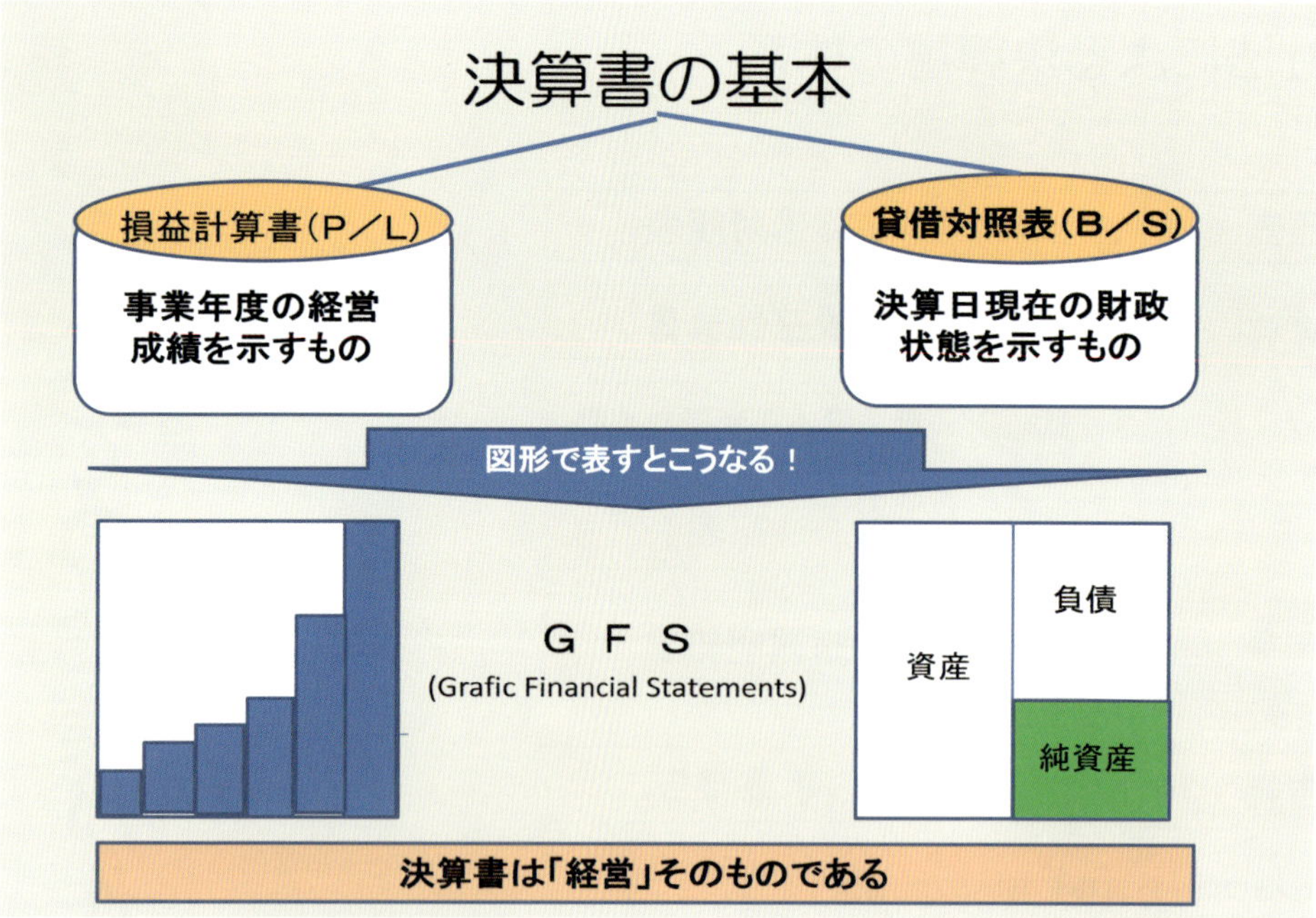

改めて述べるまでもありませんが決算書の基本は損益計算書と貸借対照表です。通常は貸借対照表と損益計算書の順で述べられるのが多いのですが、本書は損益計算書分析を先にすることが有効との考えのもとに損益計算書と貸借対照表としています。

「損益計算書は、事業年度の経営成績を示すもの」と説明されています。事業年度とはその会社の事業の開始日から終了日の通常1年を指します。経営成績とは損益の状況と言い換えることもできます。これに対し、「貸借対照表は、決算日現在の財政状態を示すもの」と説明されています。決算日とは事業年度の最終日を指します。財政状態とは貸借対照表を構成している多くの勘定の残高数値の事業年度末日の状況です。

損益計算書が期間という事業年度の初日から末日の状況を対象とするのに対して、貸借対照表が事業年度の末日現在の状況を対象としているところが異なります。この点は重要です。

本書はこの2つの決算書をその数値だけでなく、むしろ決算書を図形で表すことで経営成績や財政状態をイメージで即座に理解しようとしています。筆者の開発した図形表示の決算書分析ツールGFSを使ってこれを行うことにしています。損益計算書（以下、P／Lと呼びます）と貸借対照表（以下、B／Sと呼びます）の図形イメージを上に表示しています。

P／Lについて言えば、売上高と後述しますが5つの利益概念の6つを階段状に図形表示することにより、異なるそれぞれの利益の相対的な大きさを直感的に知ることができます。また、B／Sについて言えば、資産、負債、純資産（資本）のそれぞれの四方形の相対的な大きさから企業の財産状況を直感的に知ることができます。特に緑色で表示している純資産の大きさは、企業の健全性を判断するのに必須であり、最重要なものです。B／Sをこのように正方形で表す方法は今や一般的になりましたが、筆者は30年以上前からこの図形表示方法を使っております。

ではなぜP／LとB／Sが、決算書の基本なのでしょうか。それはP／LとB／Sが作成される基本を知ることではっきりと理解できます。

基礎編
1

決算書は仕訳の集計表

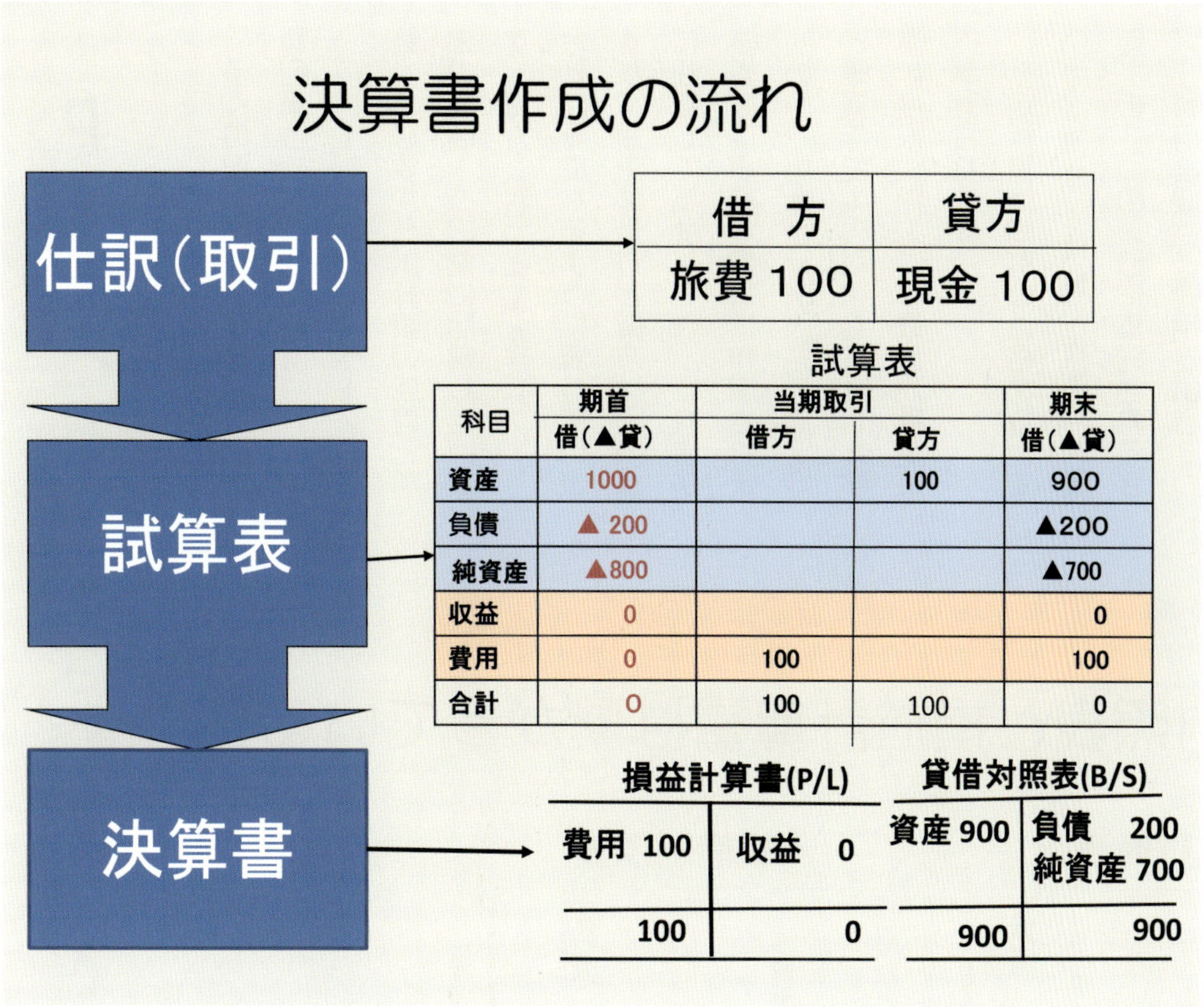

『会計の基本を学ぶには簿記を学ぶことが必要』とよく言われます。これは私も同感です。しかし、簿記を理解することは必須ではありません。ここでは、簿記の基本を説明しておきましょう。企業は日々多くの取引を行っています。この取引は仕訳という技法によって集計されます。中小企業であろうと巨大企業であろうと、この取引を集計するという基本に差はありません。取引の内容が単純か、複雑か、量が多いか、少ないかの差はありますが基本は同じです。最も単純な取引で説明しましょう。

上の図をご覧ください。取引は『仕訳』で表現されます。仕訳は左側（借方）と右側（貸方）で1組になっています。仕訳は勘定科目と呼ばれる集計するための科目と金額が一体になっており、左と右の金額は同額です。膨大な仕訳も左右の仕訳が均衡（同額）となっていることが決算書全体の正確性を保証することになります。上の取引は「旅費100円を現金で支払った」という単純なものですが、取引には1行では表現できないものもあります。例えば給与100円を払う取引の場合、実際は個人には所得税や社会保険料などを差し引いて95円を払うとすると、差額の5円を会社が預かっておくことになりますので、左側（借方）給与100／右側（貸方）現金95と預り金5となります。仕訳は1行となりませんが、左右は均衡しています。現在はソフトがこのような1科目：N科目、ひいてはN科目：N科目仕訳など自在です。

上の図をご覧ください。決算書ができる流れを示しています。この取引しかなかったと仮定して、年度の期首の金額にこの取引の金額を加算すると期末の金額が算出されます。期末の金額が集計される流れは試算表で行われます。この試算表の中身が2つの決算書、損益計算書と貸借対照表に分離されます。分離の基準は、勘定の性質、すなわち収益か費用か、資産か負債かそれとも純資産かです。2つの決算書が作成されるわけです。

基礎編 1

P／LとB／Sは繋がっている

多くの取引が仕訳を通じて勘定科目単位で試算表に集計されます。

前ページの図ではスペースを省略する必要から試算表の期首と期末の欄は1つの欄に記載しています。貸方（右）は▲表示として、合計が0になるように表していますが、通常は借方と貸方は別の欄に独立して集計して表示されます。試算表は事業年度毎に作成されますので、事業年度の初め（期首）と事業年度中の取引を集計した事業年度末（期末）の数値が勘定毎に集計されます。

勘定科目は固有の性格を持っていて、資産、負債、資本（純資産）の3つの範疇に集約されるB／S科目と収益と費用という2つの範疇に集約されるP／L科目があって、すべての仕訳はこれらの範疇に集約されます。例で示した旅費は費用の範疇に入る科目であり、現金は資産の範疇の科目です。

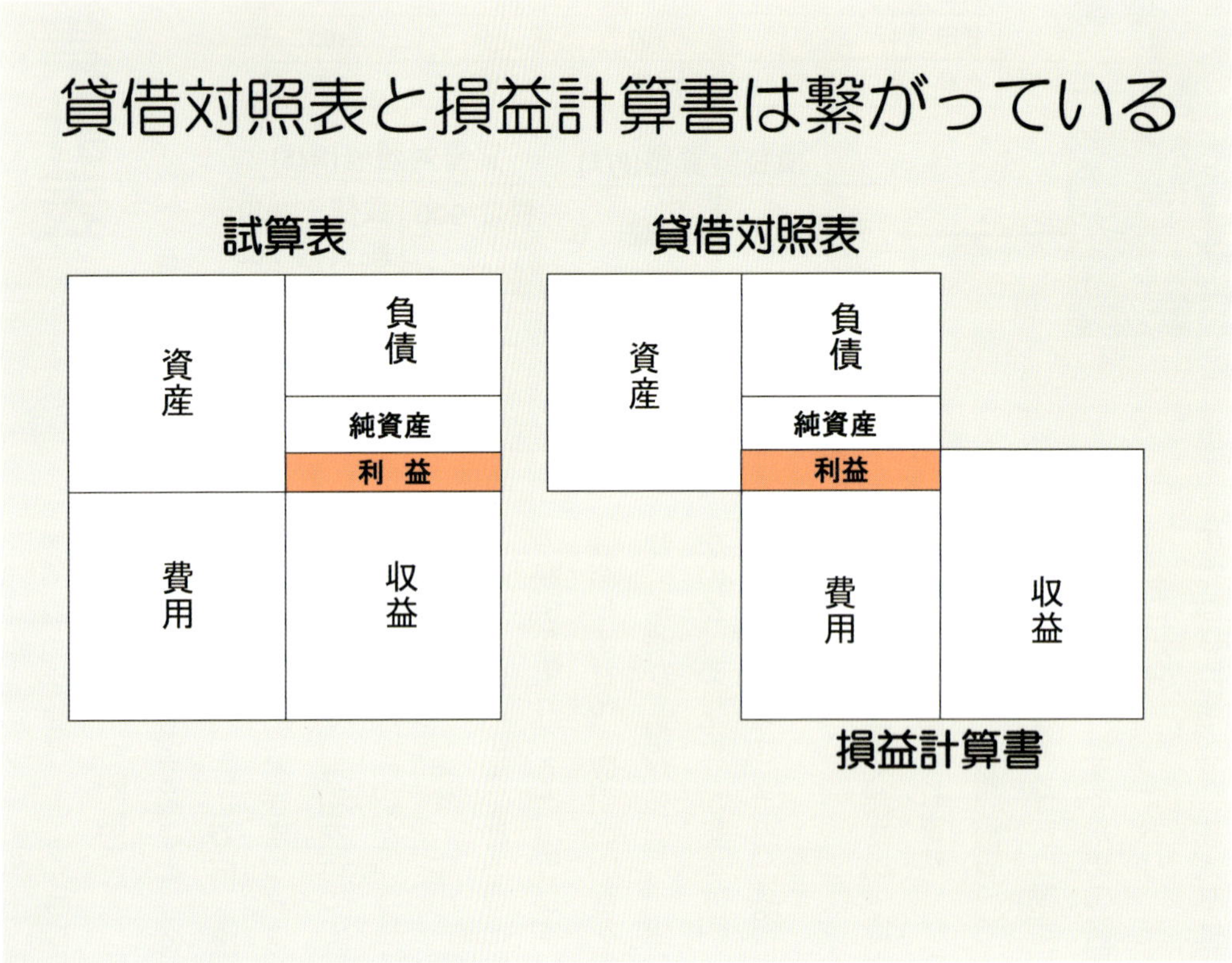

試算表に集計された取引は、この範疇毎に集計されますが、試算表では同じ仲間であった仕訳が資産、負債、資本なのか、収益、費用なのかにより2つの決算書に分離されます。前者がB／Sに、後者がP／Lになります。B／Sは財政状態を、P／Lは経営成績を表す使命があるために固有の科目の性格毎に分離されます。重要なことはP／LとB／Sが繋がっているということです。試算表で仲間であったものが分離しただけですから『利益』という結節環（2つの決算書をつなぐためのもの）で繋がっているのです。利益はP／Lという収益と費用の明細ではその結果の差であると同時に、B／Sの純資産（資本）の一部なのです。利益を通してP／LとB／Sは繋がっていることを強調しておきたいと思います。

基礎編
1

2つのはずの決算書がなぜ3つ？

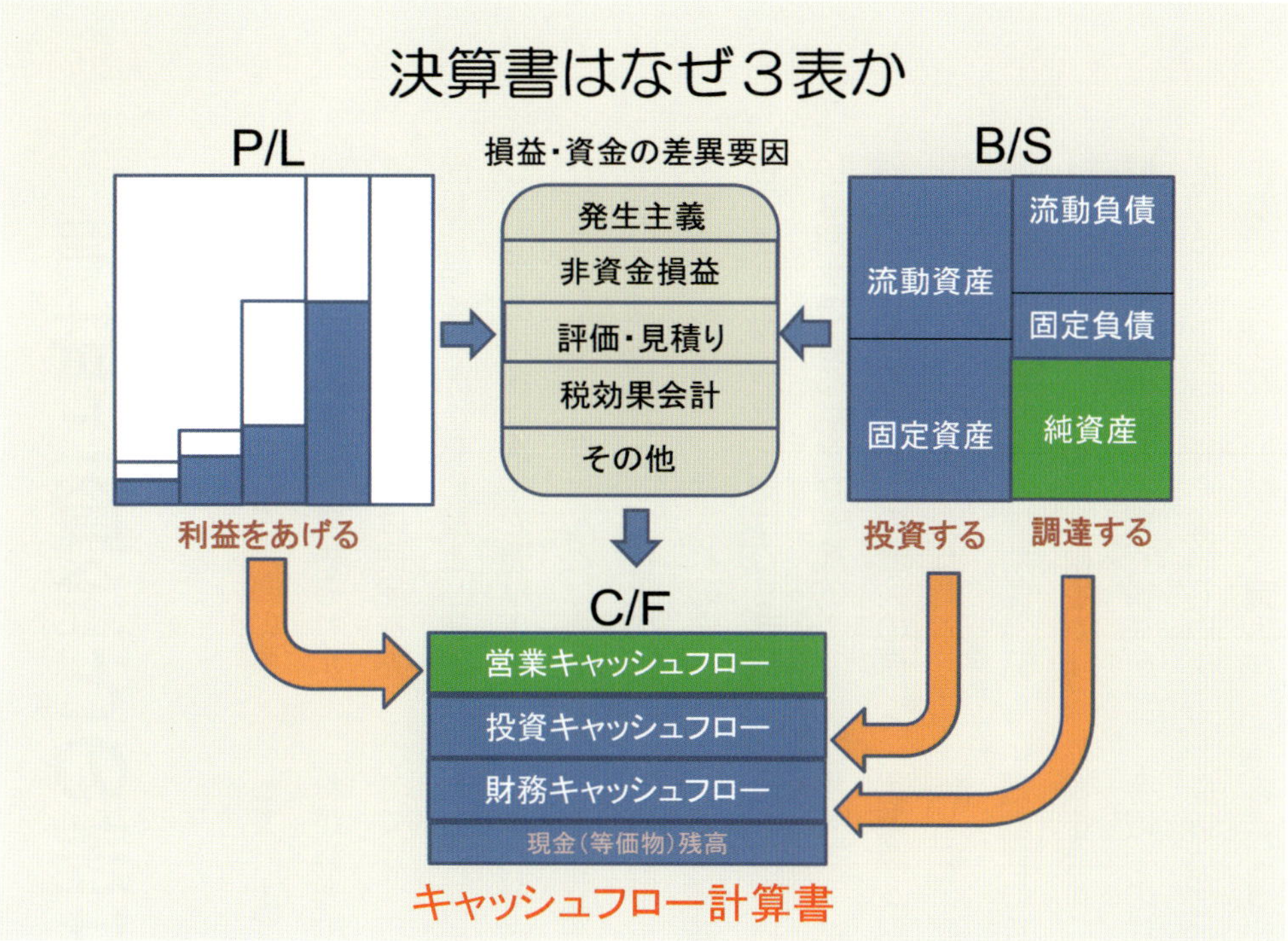

決算書の基本がP／LとB／Sであることは取引が仕訳を通して試算表に集計され、P／LとB／Sが作成されることから解りました。この2つの決算書は取引から自動的に作成されるため決算書の基本になっているというわけです。会社法の決算書の体系もこの2つの決算書が基本でした。しかし、上場企業の決算書はキャッシュフロー計算書（以下、C／Fと言います）提出が義務づけられています。C／Fは仕訳（取引）から自動的に作成される決算書ではありませんが、C／Fを含めた決算書の3つを財務3表と呼ぶことも広く行われています。決算書は、会計用語で財務諸表と呼ばれるのが一般的なため、この3つの決算書を財務3表と呼ぶことも多いわけです。

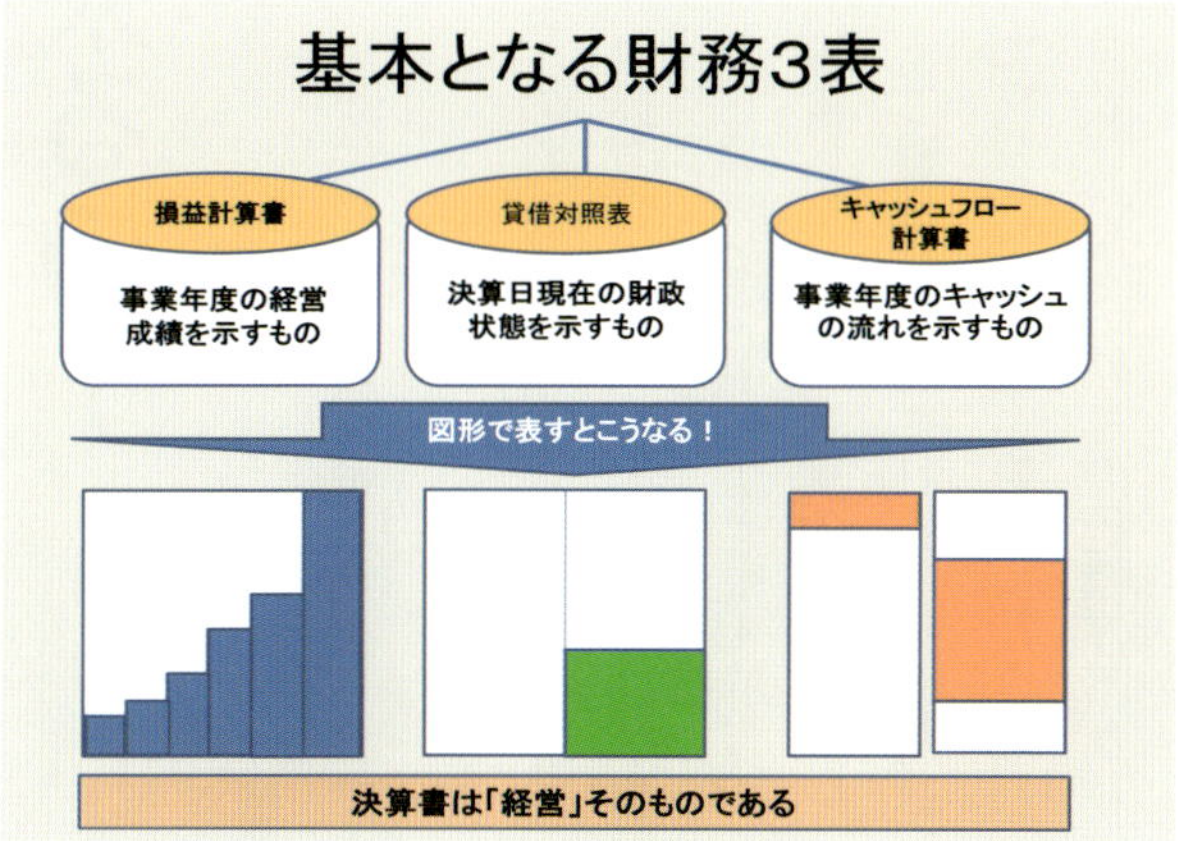

それではなぜC／Fが3番目の決算書になるのでしょうか。それはP／LとB／Sでは知りたい内容が知り得ないということがその理由です。P／Lは経営成績の状況、B／Sは財政状態の状況を知ることはできるのですが、資金の状況が充分に知り得ないところが、C／Fを必要とする理由なのです。経営成績、すなわち損益の結果である利益は資金の源泉です。しかし、損益と資金とは完全に整合するものではありません。損益と資金の両者に違いを生じさせる撹乱要因があるのです。次にこれを説明しておきましょう。

基礎編
1

損益と資金との差はどこから来るの？

現在の会計は「発生主義の原則」で処理することが求められます。発生主義とは例えば商品を納品した時点で売上高に計上します。しかしこの代金は現金で売り上げた時は別にして、ほとんどは売掛金という勘定に計上して将来の入金を待つわけです。仕入れの場合も同様です。納品を受けても支払いは将来となる場合が一般的です。損益と資金の攪乱要因の最大の原因はこの発生主義にあります。

発生主義のもう1つは期間損益計算の申し子である経過勘定です。現在の会計基準は決算期で損益を区切る期間損益計算を求めていますので、受け取った収益や支払った費用も期間に属さない部分は前受収益や前払費用として、また、まだ受け取っていない収益やまだ支払っていない費用も期間に属する部分は、未収収益や未払費用として計上する必要があります。これが経過勘定と言われる勘定処理ですが、これも発生主義の重要な部分です。

攪乱要因の第2は、非資金取引の存在です。固定資産の減価償却は損益計算上費用に計上されますが、資金は流失しません。減価償却は固定資産の物理的や経済的な損耗を会計的に測定するために一定期間（耐用年数）に渡り費用に計上する処理です。費用配分の処理と言われています。損益計算と資金計算の攪乱要因であり、非資金取引の代表的なものです。また、最近の会計で重要性を増している「減損会計」も非資金取引です。減損会計の典型は固定資産の減損です。事業状況が厳しいと工場や店舗の固定資産の簿価を損失に計上する処理が求められます。これが減損処理です。損益計算上は損失が生じますが資金は流失しません。

のれんの減損処理もあります。企業のグローバル化とともにM&Aによる企業買収が当たり前になりました。買収企業の企業価値以上に資金が支出されるとその差は『のれん』として資産に計上されます。こののれんの価値が下がり償却が行われると資金の流失しない損失として損益と資金との攪乱要因になります。

損益と資金との攪乱要因には、会計上の評価や見積もりも損益計算と資金計算との差を生じさせる会計処理です。時価で評価する時価会計や賞与や退職給付などの各種の引当金の計上に代表される見積もり会計も損益と資金の攪乱要因となるのです。

このほか、税効果会計という法人税等の税金についての会計処理も損益と資金に差を生じさせる会計処理としてあるのですが、技術的にかなり専門的ですのでここでは詳しくは述べないことにしたいと思います。

以上のような損益と資金との間には整合性のない攪乱要因があるため、資金の状況を知るには第3の決算書であるC／Fが必要になるわけです。

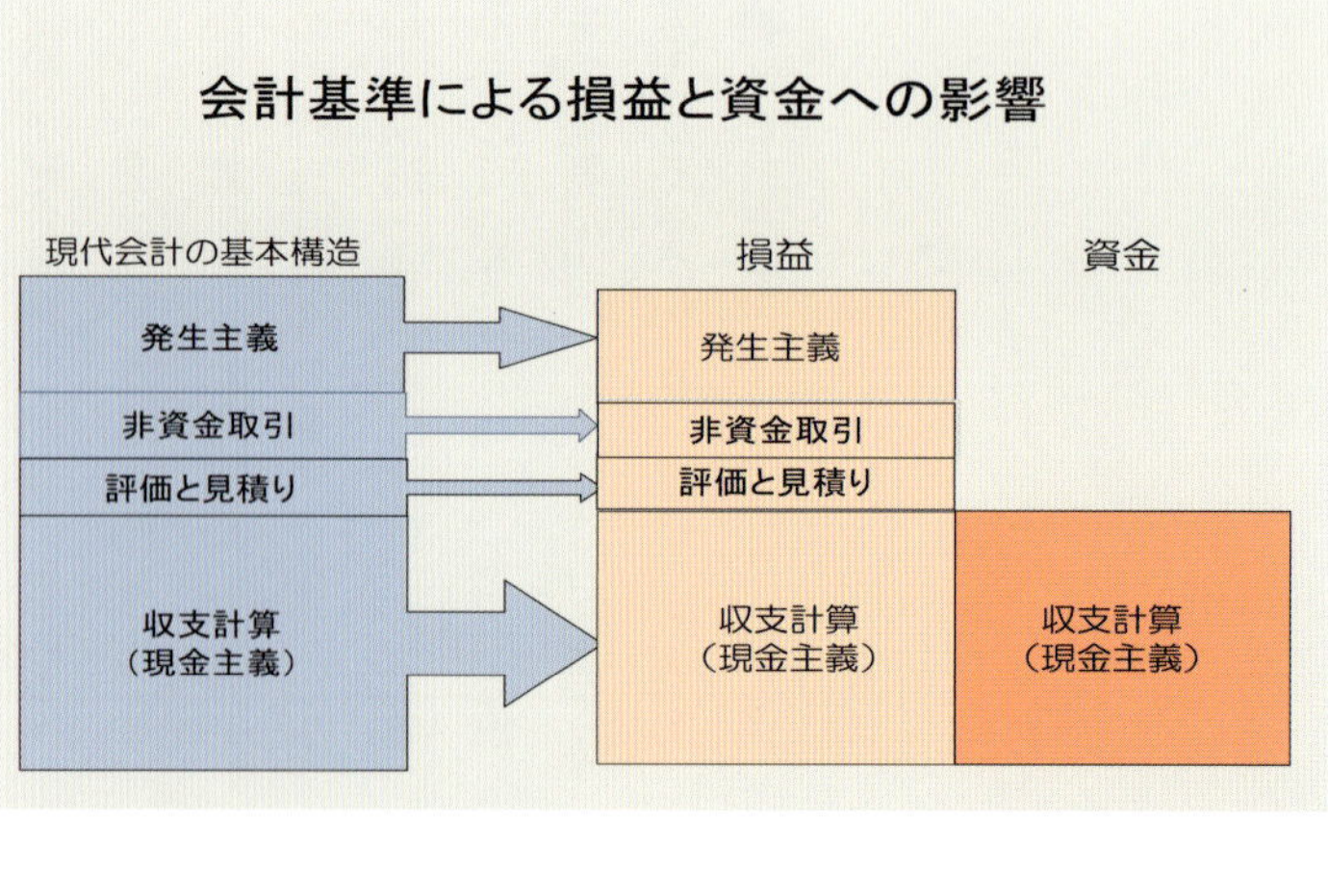

基礎編
1

利益の種類には5つある

日本基準の損益計算書の利益は、「売上総利益」、「営業利益」、「経常利益」、「税引前当期利益」、「当期純利益」の5つの利益概念があります。売上総利益は、粗利益とも呼ばれていて売上から原価を差し引いたものです。製造業のような業種でははっきりしていますが、非製造業が増加する中で粗利益の重要性は低下しています。

売上総利益から販売費一般管理費（略して販管費と言うこともあります）を差し引くと営業利益です。営業利益の重要性は極めて高くなってきています。売上総利益概念が薄れていくのと表裏の面もありますし、販管費が製造業的な表現で

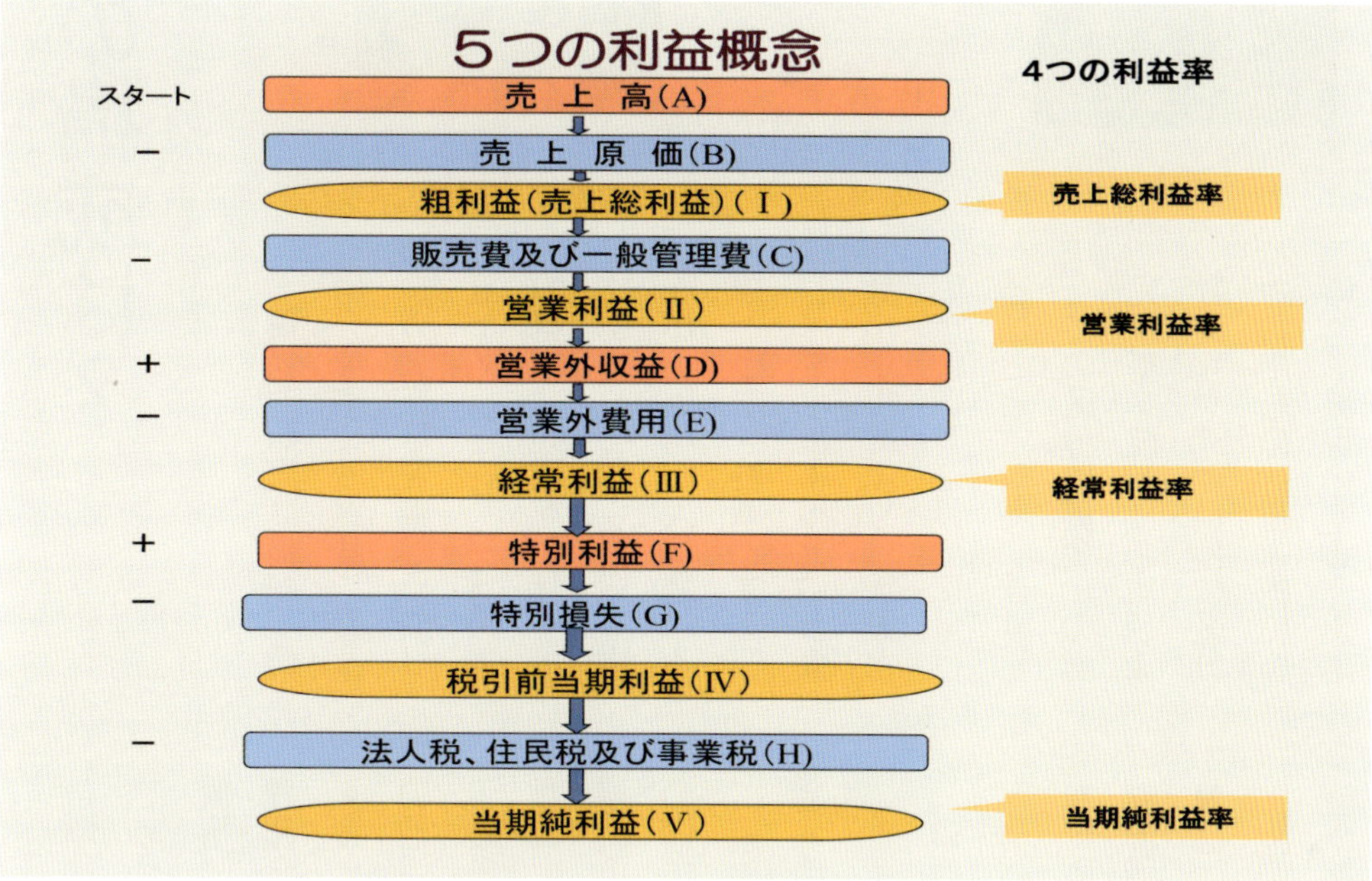

あって、営業費と呼ばれることが普通になってきたことも原因かも知れません。企業の利益目標に営業利益を基準にするところも多くなっています。

営業利益から受取利息等の営業外収益を加え、支払利息等の営業外費用を控除した利益概念が経常利益です。経常利益から特別利益を加え、特別損失を控除したものが税引前利益です。

米国基準やIFRSは営業外損益や特別損益の区別がないために、経常利益という利益概念もありません。営業利益から「その他収益費用」を控除して税引前利益としています。税引前利益から法人税等を控除すると最終の当期純利益となります。損益計算書の構成は、この5つの利益概念の流れを理解することが必要で、これによって日本基準の決算書をよく知ることができます。

5つの利益が計算されるスタートは売上高です。GFSは売上高から分析が進められますが、実はこの売上高の内容もかなり複雑です。

一般の製造業の売上高は、シンプルでほとんど例外はないのですが、サービス業の売上高は「営業収益」、建設業では「完成工事高」など多様で、小売業のスーパーやコンビニ業界では売上高が細分され、営業収入、売上高の総括概念として「営業総収入」が使われていたりと一様ではありません。しかし、GFSでは売上高は1つとしていますので、様々な企業の決算書から総括概念としての売上高を取り出すように努めております。今後も開発段階で課題があることを認識しながら分析が出来るようにしたいと考えております。

貸借対照表の構成は？

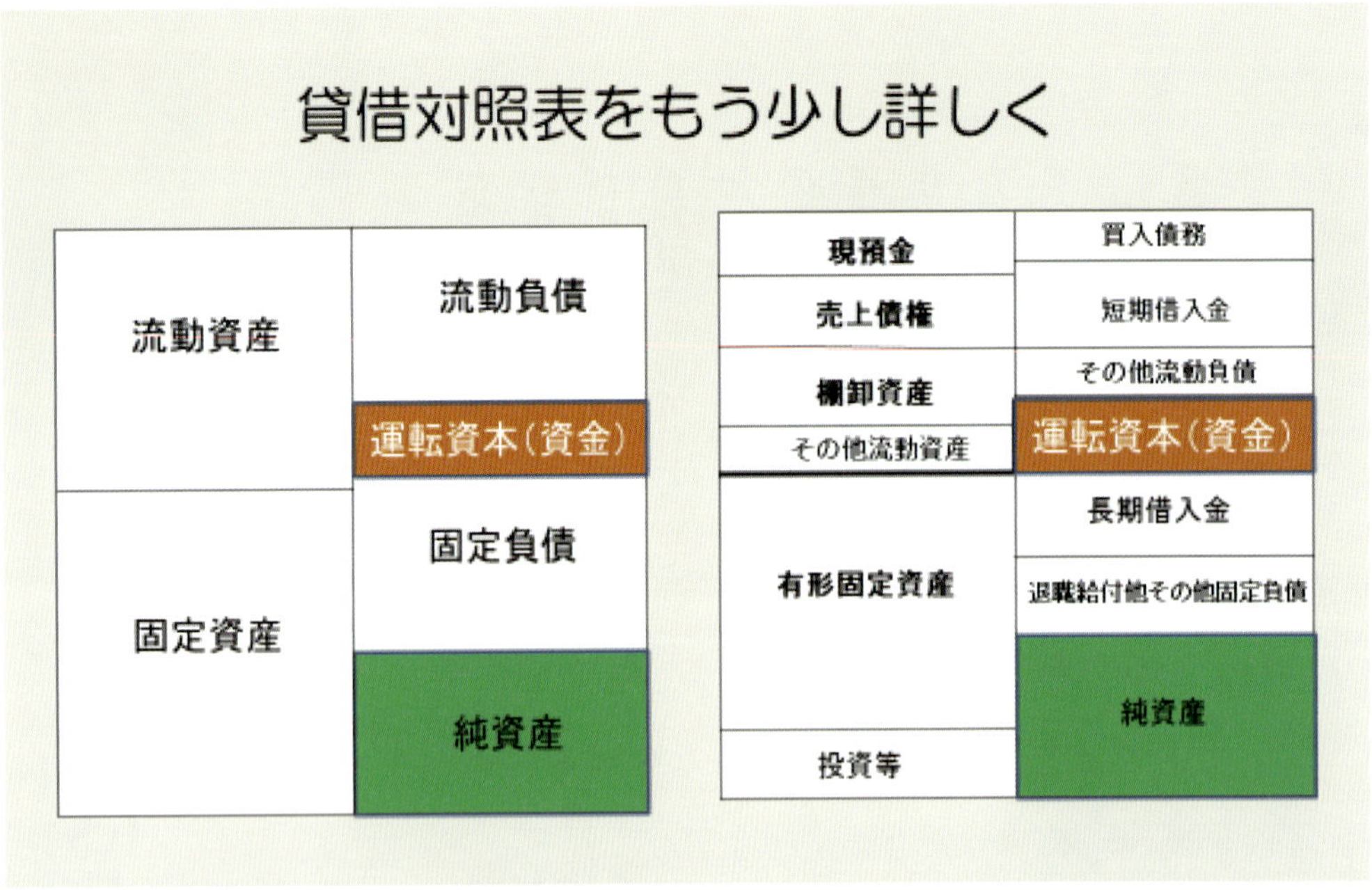

貸借対照表は資産、負債、資本（純資産）の3つの大きな要素から成り立っています（「決算書の基本」の項をご覧ください）。資産と負債は中味が1年内に入れ替わるかどうかを基準とするワンイヤールールという会計ルールにより、流動と固定という2区分に分けることとされています。

この区分は資金化の考えが基本にあります。流動資産や流動負債に区分されたものは基本的に1年内に資金化すると想定されています。資金は経営の基本ですからこの区分は重要です。

流動資産に属する科目として資金そのものである現金預金、近い将来の資金流入である売掛金や未収金などの売上債権、原材料・製品・商品などの棚卸資産（いわゆる在庫）、未収入金・立替金・仮払金などの「その他流動資産」があります。また、流動負債は流動資産の反対で資金が流出する性格のもので、買入債務（買掛金や未払金）、外部からの資金調達である借入金で1年内に返済予定の短期借入金、仮受金・預り金・未払費用などの「その他流動負債」があります。

資産で長期のものは固定資産に区分されます。土地や設備である有形固定資産、各種の権利である無形固定資産が典型です。固定資産はこの有形固定資産とは別に「投資等資産」と呼ばれる固定資産があります。投資有価証券、保証金、保険積立金等、所有や運用によって資金を生み出す性格の資産です。減価償却を通じて価値を生産物等に移転させ徐々に減少していく有形・無形固定資産と運用によって価値を維持・増加（減少することもありますが）させる投資等資産の区別は重要です。GFSでは図形B／Sの固定資産の中を二分してライン線で解るようにしております。

流動と固定の区分に関連して2つ注意いただきたいことがあります。1つは、不動産業の棚卸資産（土地や建物など）は、すべてが1年内に資金化するとは思われません。会計は流動と固定を区分する基準として、ワンイヤールールと並んで営業循環基準を持っています。不動産業の棚卸資産は売却されるまでの期間、流動資産に区分されます。営業上の循環期間を基準とするということなのです。

2つ目の注意点は、上場企業では大丈夫でしょうが、監査を受けない中小企業ではワンイヤールールの基準はそれほど厳格に適用されていないと思います。注意して分析いただきたいと思います。

基礎編
1

上場企業は別の会計基準が必要です

決算書を作成する時に因るべき会計の基準は、すべての会社が会社法の会計基準に従うべき事は、既にお話ししました。上場企業は会社法による会計基準に従うとともに、上場のための会計基準を並行して同時に遵守しなければなりません。既にプロローグで触れましたが、上場企業には日本基準、米国基準、国際会計基準（ＩＦＲＳ）の３つの基準を選択することが可能となっています。３つの基準では損益の認識基準や決算書の様式、そして利益概念などに相違があります。

　米国基準は、１９７０年代頃米国のニューヨーク証券取引所に上場するために採用されたのを契機に、大企業で採用されました。その後、この

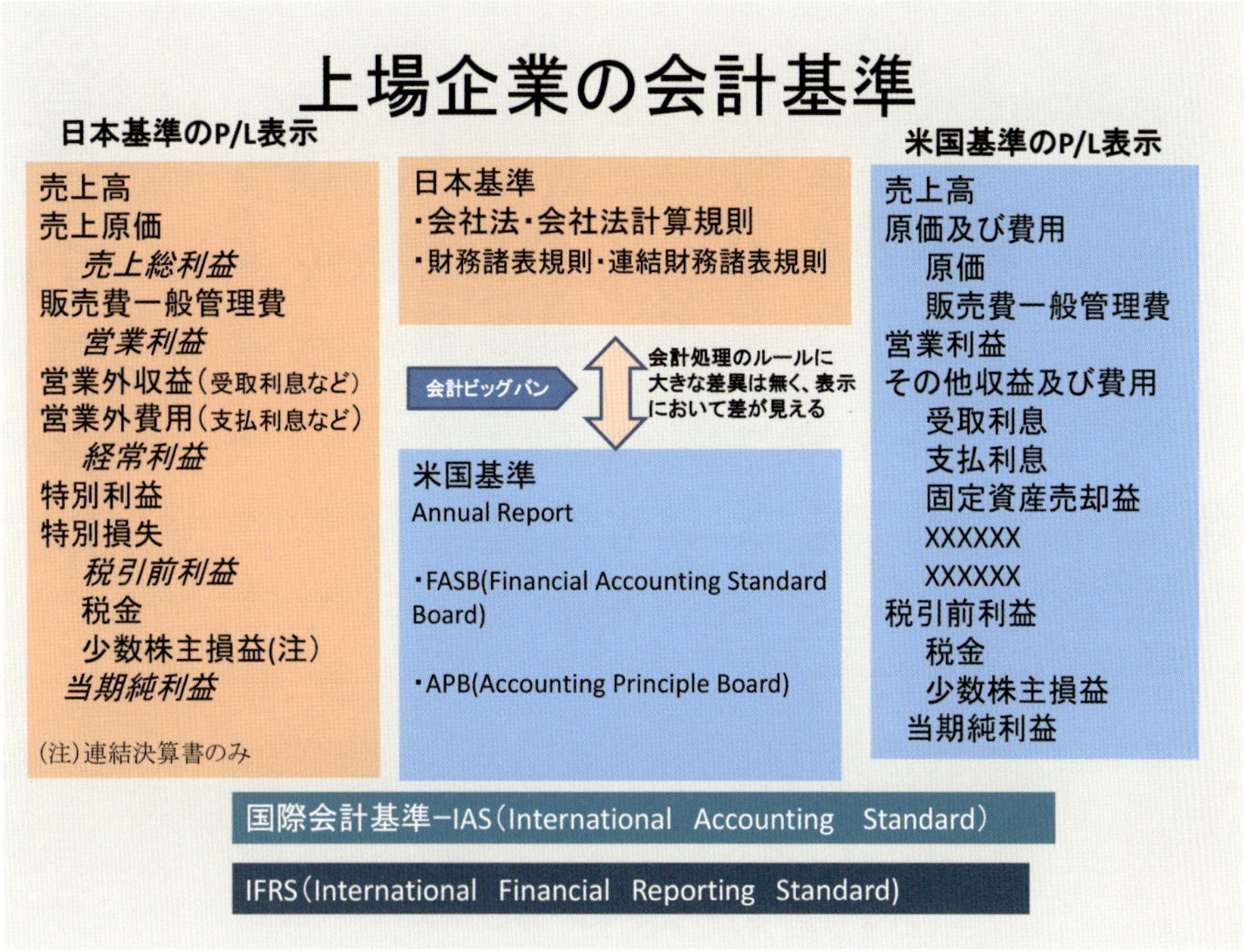

米国基準は日本の会計基準に多大の影響を及ぼし、日本基準と米国基準の大きな相違点はほとんど解消されてきました。そのこともあって、現在、米国会計基準でＥＤＩＮＥＴを公開している企業数は10余社で、少数となっています。しかし、損益計算書の表示では、日本基準と異なり売上総利益概念が無く、営業外損益も区分して別に表示しないため、経常利益概念もありません。会計基準の相違はほとんど無くなりましたが、損益計算書の表示では大きな相違があります。上の図を見て頂ければと思います。

　一方、ヨーロッパで採用され各国にその普及を目指してきた国際会計基準（ＩＡＳ）は、長い停滞の期間を経て、ここ最近において米国基準の企業もＩＦＲＳへ移行してきています。ＩＦＲＳが世界の会計基準として急速にその採用が加速してきました。採用企業は現在２００社を超えています。

　ＩＦＲＳ採用企業が上場企業の中でも規模の大きな企業であることが多いことから、資産、売上高、利益に占めるＩＦＲＳ企業の割合は相当大きなものになっており、今後ますます増加すると思われますが、企業数からはまだ10％未満です。本書では日本基準をベースに説明しております。

基礎編
1

ＩＦＲＳの決算書の体系は？

本書では日本基準をベースにしていますが、ＩＦＲＳへの移行が大企業を中心に増加していますので、ＩＦＲＳについて最小限、知っていただくためにここでは決算書の体系について解説しておきます。

下の図に日本基準と比較した決算書（財務諸表）の体系を示しております。全体の体系は日本基準と変わらないともいえます。何よりも名称が違うことが解ります。貸借対照表は「財政状態計算書」、損益計算書は「純損益及びその他の包括利益計算書」、株主資本等変動計算書は「持分変動計算書」などとその名称を変えていますが、内容は基本的に同じ様だと感じられる方が多いのではないでしょうか。

細かなところは別にして、そのとおりだと思います。

日本基準の損益計算書に包括利益計算書が記載されています。包括利益計算書はＩＦＲＳの影響を受けて日本基準にも２０１１年から導入されたもので、簡単に言えば純資産の変動のうち、持分所有者に関わる部分と直接関わりの無い部分（少数株主持分）を分離し独立して報告しようとするものです。包括利益は為替勘定変動損益、ヘッジ損益、有価証券評価差額金などで、当期純利益の内容を区分化し、親会社帰属部分と少数株主部分とをより明確化するためのものです。別の項で５つの利益概念を説明していますが、最近導入の「包括利益」がこの５つの利益概念とは別に独立して存在していることを理解しておいてください。

結論として、ＩＦＲＳは日本基準と細部では異なるところはいろいろあるのですが、全体としては全く違うというものではなく、これまでの知識で同じように理解できると考えていいと思います。

財務諸表の比較

IFRS	日本基準
財政状態計算書（statement of financial position）	貸借対照表
純損益及びその他の包括利益計算書（statement of profit or loss and other comprehensive income）	損益計算書、包括利益計算書（損益及び包括利益計算書）
持分変動計算書（statement of changes in equity）	株主資本等変動計算書
キャッシュフロー計算書（statement of cash flows）	キャッシュフロー計算書
注記（notes）	注記

基礎編 1

連結財務諸表について

上場会社は連結決算書をEDINETに公開します。連結決算書が主ですが、個別決算書も公開することが求められています。連結決算書の無い上場企業は勿論個別決算書のみとなります。個別というのは法律上独立した法人企業を指しています。連結グループの子会社も個別企業の1つですが、連結グループが公開を求められるのは統括親会社の個別決算書です。

連結決算書は、一言でいえばグループ決算書です。グループの中心に統括する親会社があり、この親会社を取り巻く子会社があります。親会社と子会社の企業集団の財政状態と経営成績を表すのが連結決算書、連結財務諸表と呼ばれるものです。子会社の定義を実質的な支配関係があるかどうかで決めています。以前は持株率が50%を超える関係にある会社だけを子会社とする形式的な基準を採っていましたが、現在は持株率が40%以上であれば、実質的な支配をしていれば子会社となります。実質的とは、資金、人事、技術、取引等を通じて重要な影響を与えているかをいいます。しかし、持株率が基本であり、それが株主総会等で会社を支配する根幹であることに変わりはありません。

子会社は原則として連結されますが、小規模などで連結に含めない子会社や持分率40%未満で実質的な支配会社は「関連会社」として『持分法』の会計処理が適用されます。

連結決算書を理解するには、個別決算書(個別財務諸表とか単体財務諸表と呼ばれることもあります)と関連づけるのがいいでしょう。連結決算書は、個別決算書を基礎としています。

ここで、連結決算書の作成の流れを説明しておきましょう。まず、親会社を含めたグループ会社の個別決算書を合算します。すべての子会社を連結に含めるのが原則ですが、規模の小さな子会社や一時的な所有会社等は連結に含めないことも認められています。合算とは単純に連結精算表上で加算します。次に、連結決算書がグループ(企業集団)の財政状態と経営成績を表すものであるということは、グループがあたかも1つの会社のようにすることですから、まずグループ内部の債権債務や取引高を除外するのです。この除外する処理を消去と呼んでいます。消去は、株式の相互の持ち合い関係の消去(資本の消去)や内部取引に含まれる利益の消去(未実現損益の消去)も行います。

連結に含めない子会社や関連会社は、持分法が適用されると書きましたが、持分法とは「一行連結」と言われるように、仕訳は一行で該当の会社の純資産のグループ持分額を投資勘定(関係会社株式)の増減を通じて『持分法損益』を認識する処理です。連結した結果の損益部分だけを取り込むことで、持分という点では連結することと同じ効果を果たしたものが持分法と考えられています。

連結決算書の構造

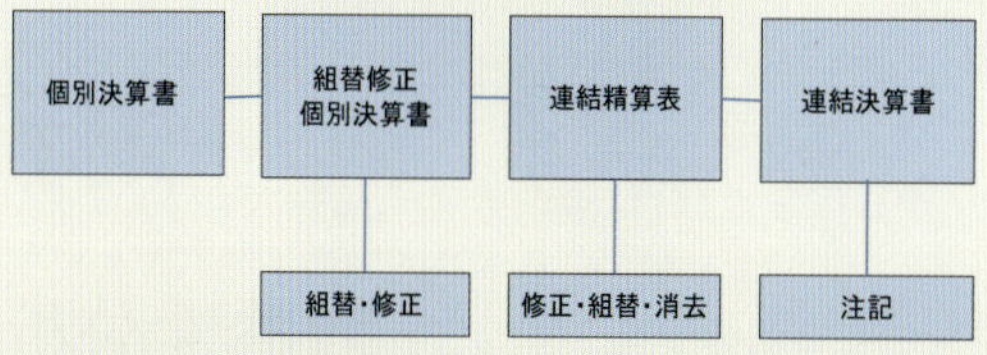

1. 連結決算書は、個別決算書を基礎に作成する。(個別決算書は連結に含める子会社の数だけ個別に行う)
2. 個別決算書が、一般に公正妥当な会計原則に拠っていない場合、修正する。グループの統一科目への組替も行う。
3. 連結精算表の上ですべての個別決算書を合算し、連結目的の修正・組替・消去を行う。
4. 連結決算書を公表するために必要な注記を行う。

連結と持分法の適用範囲

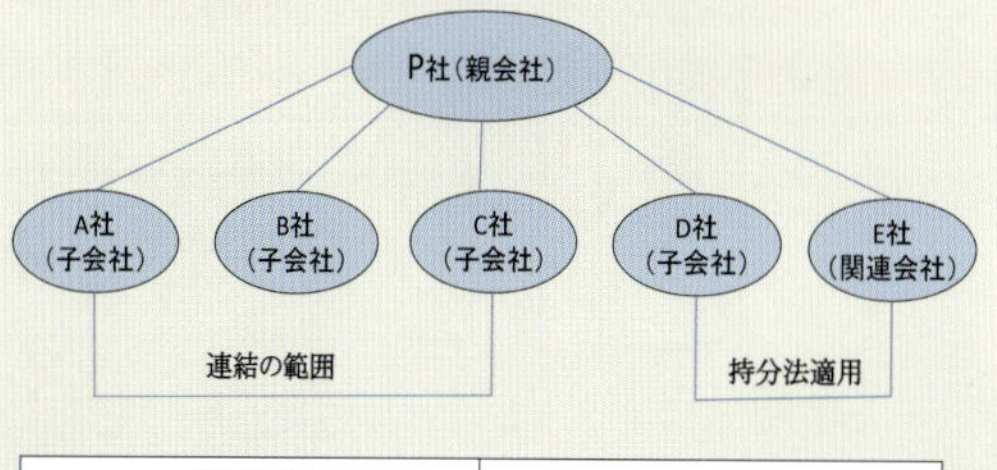

親会社		連結
子会社	連結子会社	連結
子会社	非連結子会社	持分法
関連会社		持分法

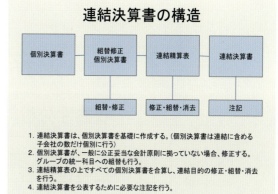

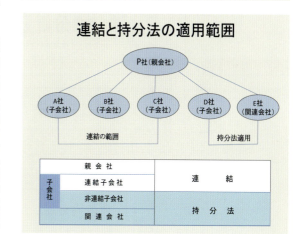

基礎編２　伝統的な財務分析手法を理解しよう

財務分析の全体像

決算書を対象とした分析は、伝統的に経営分析とか財務分析と呼ばれてきました。その全体像は下の図のように表せます。収益性分析、成長性分析、健全性分析（安全性と呼ぶこともあります）の3つの分析が基本で、これに生産性分析を加えた4つが財務分析の全体とされてきました。

しかし、生産性分析は下の図でも別枠にしていますように特有の性格を持っています。それは公表された収益や費用だけでは分析できず、その中味に入り込む必要があるという点です。本書は、上場企業の公表された決算書を分析することを目的としています。EDINETでは生産性分析に必要な情報が充分には得られませんので、生産性分析は扱わないこととしております。下の図には先に述べた3つの分析に加えて資金性分析が示されています。これは財務分析を〝決算書を対象とする分析〟と捉えている筆者には、上場企業はキャッシュフロー計算書を公表していますので、1つの分析領域として捉える必要があると考えているからです。財務分析は、以下で説明しておりますように比率分析です。比率は絶対値ですが、この絶対値それ自体をもって優劣をつけることは難しく、同業他社や業種別の平均値との比較や対象年度と過去の年度との比較によって、対象企業の優劣を相対的に判断することになります。プロローグの項で、決算書分析の多面的で相対的な特質について説明したところです。

日々変動する経済社会の中では「投資家が重視する指標」も重要です。配当や株価との関連指標についても説明しております。

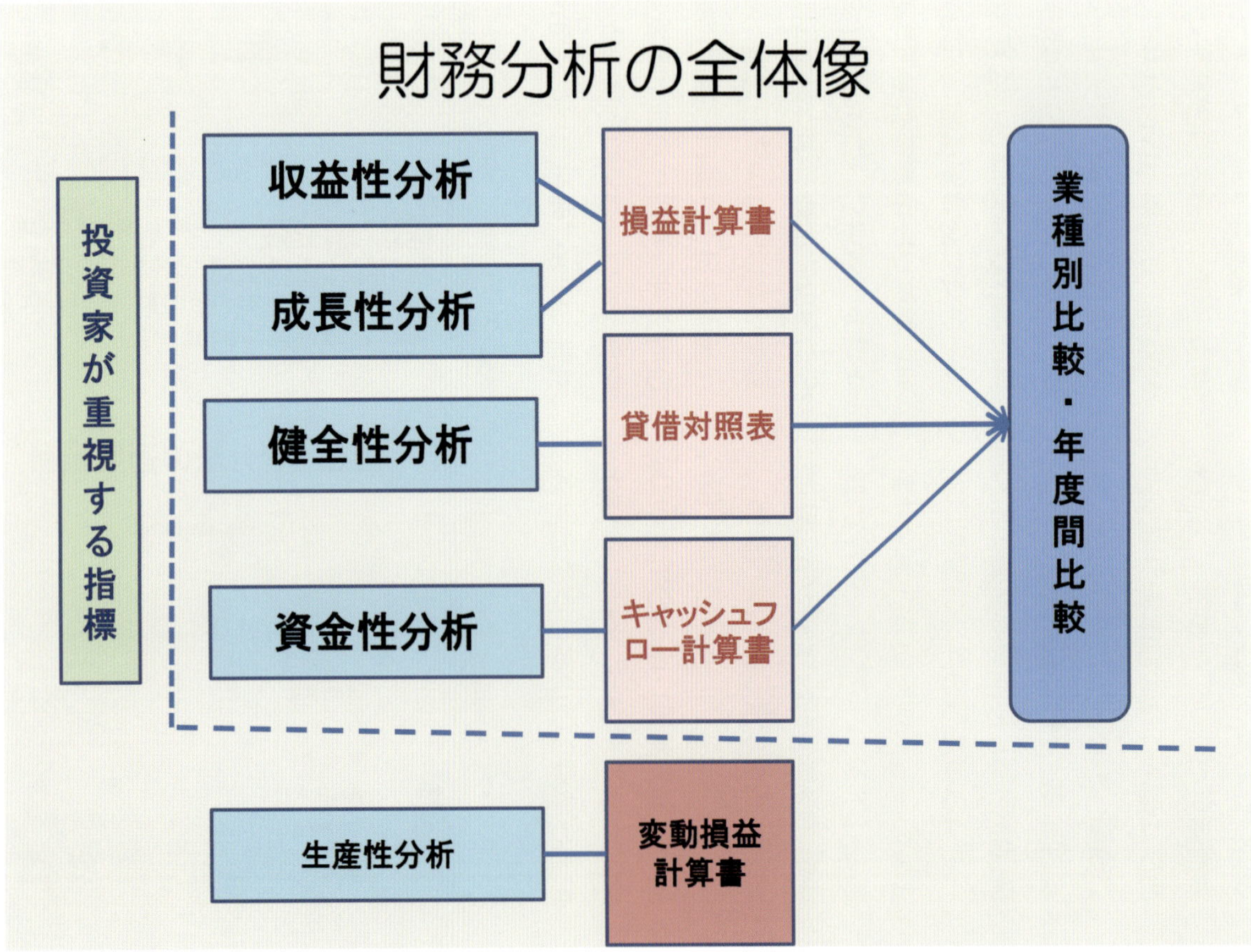

基礎編
2

収益性分析について

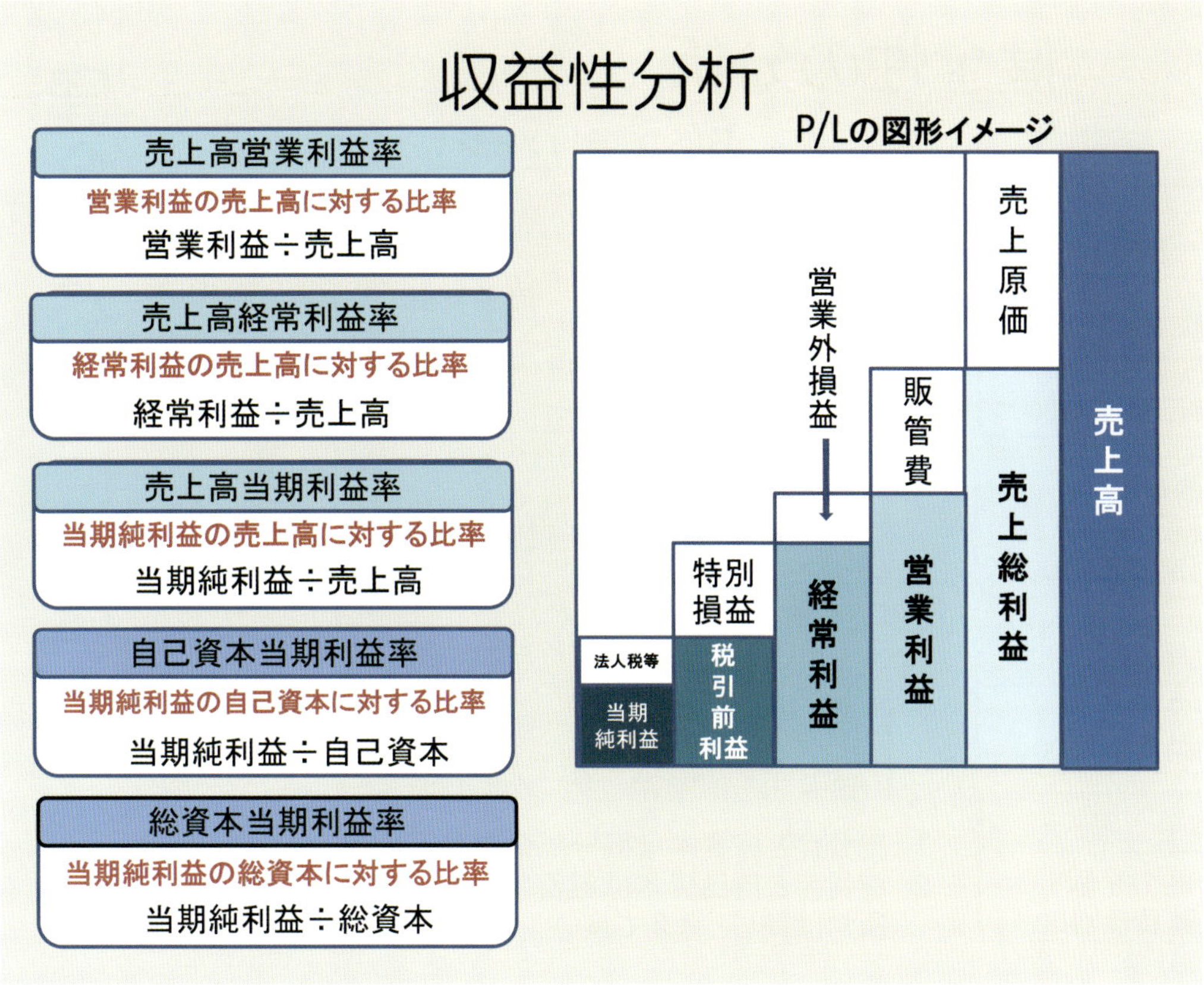

伝統的な財務分析は、損益計算書を対象に『収益性分析』として語られてきました。最も一般的な比率は、5つの利益概念と売上高との比率です。左にそのうちの3つの利益概念と売上高との比率を示しています。残る2つの利益概念と売上高の比率もあるのですが実務的には3つが標準です。

売上高に代えて自己資本と総資本との比率も極めて重要な収益性分析と考えられています。上の図には当期純利益と自己資本と総資本との比率しか示しておりませんが、他の利益概念と自己資本及び総資本との比率も当然考えられるのですが、通常、利益は当期純利益（最終利益）を使います。

ここでは「自己資本当期利益率」、「総資本当期利益率」という堅苦しい用語を掲げていますが、最近では前者をROE、後者をROAとして、重要視されていますので項を改めて取り上げております。

上の図にはありませんが、利益を従業員数で除する「一人当たり売上高」も収益性分析で有益な比率です。経済が多様化する中、従業員数に何を使うか（正規・非正規など）が課題です。

企業の最終成果は利益です。利益を分析する収益性分析は財務分析の中核です。利益を売上高や従業員数、さらに自己資本や総資本で除する各種比率は、同業他社、業種、過年度等との比較によって、有益な評価が可能です。業種により大きな差異がありますので、優劣を絶対的な％で示すことができないのが悩ましいところですが、有益な分析を提供することは間違いありません。

企業は組織力・営業力・技術力・資本力などの総合力で成り立っています。企業の総合的な評価指標は何かについて次項以降で見ることにしたいと思います。

健全性分析について

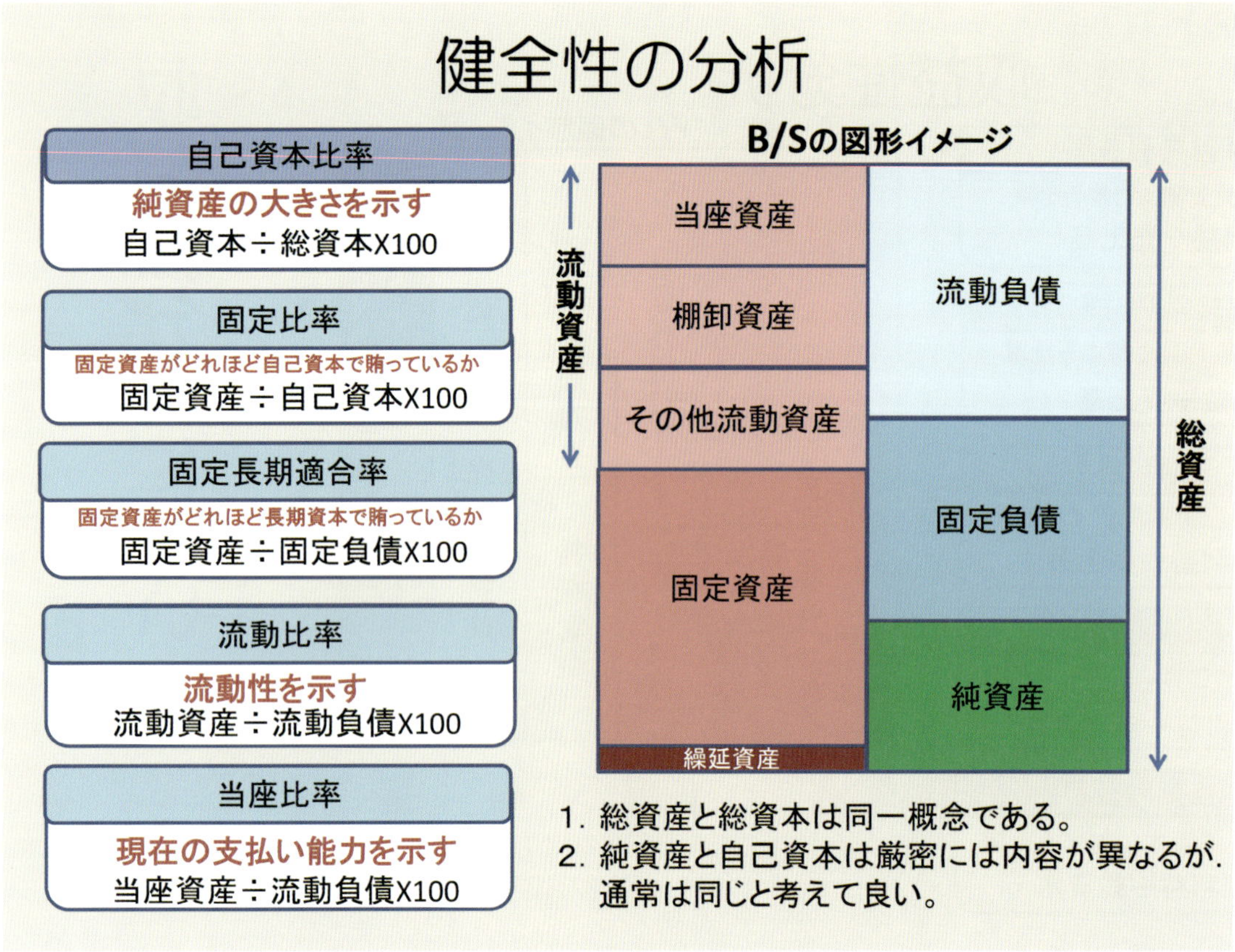

企業の健全性は、貸借対照表（B／S）を対象に分析します。上に図形B／Sとその主要な構成項目及びこれら構成項目を比率分析で健全性を判断する代表的な比率を掲げております。

健全性を判定する最も基本的で最重要な指標は、自己資本比率です。自己資本は、図形B／Sでは純資産と表記されてますが同一概念です。厳密には自己資本と純資産は少し内容が異なるのですが、通常は同じと考えていいと思います。自己資本が資本金と過去からの利益の累積である剰余金から成るところから、一定時点（通常は期末）の総資本（総資産）に占める比率は、収益性をも含めた企業の健全性指標として極めて重要です。できるだけ大きな比率が健全性の証です。30％以上は合格でしょうし、50％あれば優良企業となることはどなたも異論ないでしょう。

固定比率は、固定資産をどれだけの自己資本で賄っているかの比率ですから、返済の必要の無い自己資本で賄えれば健全性に心配はありません。１００％は全くの安全比率です。固定長期適合率は固定比率とは逆に固定資産をどれほど借入金などの外部負債で賄っているかの比率です。

資産に占める固定資産を除くと残るのは流動資産です。流動資産の債務性のある流動負債との比率は短期の流動性を判定する指標です。どなたもご存じの『流動比率』です。流動比率と当座比率の区別はありますが前者で２００％以上、後者で１００％以上が望ましいというのが伝統的な説明ですが、これを下回っても特別な問題は無いというのが最近の考えです。ただし、流動比率１００以下となると、資金繰りは厳しいと言えるでしょう。

基礎編
2

資金性分析について

資金性分析

総資本回転日数
投下した資本と売上高との関係
総資本÷（売上高÷365）

受取勘定回転日数
受取手形と売掛金の回転日数
受取勘定÷（売上高÷365）

支払勘定回転日数
支払手形と買掛金の回転日数
支払勘定÷（売上高÷365）

棚卸資産回転日数
棚卸資産の回転日数
棚卸資産÷（売上高÷365）

債務償還可能年数
借入金が返済原資の何年で可能か
借入金÷（営業利益+減価償却費）

C/Fの図形イメージ

資金性分析はキャッシュフロー計算書（以下、C／Fという）を対象にした財務分析ですから、収益性分析や健全性分析と同様に思われますが、収益性分析や健全性分析のように企業の良否を比率から評価する直接の手法とはなりません。C／Fは、毎事業年度のキャッシュフローの結果を示してはいるものの企業そのものの良否を表していません。上に比率と図形C／Fのイメージを示していますが、営業キャッシュフロー（営業CF）、投資キャッシュフロー（投資CF）、財務キャッシュフロー（財務CF）の3要因の増減を表しています。直感的にキャッシュフローの3要因別の増減が判断できます。

　営業CFは事業損益の結果を表すもので、利益が資金の最大の源泉であることからプラスが当たり前であり、マイナスである場合は事業損失か、特別の理由があるはずですから検討が必要です。

　投資CFは設備投資や企業買収の資金増減ですので通常は資金は流出（マイナス）です。プラスの場合は内容を知る必要があります。

　財務CFは借入金などの資金の増減を表します。新規借入は当然プラス、返済はマイナスですのでいずれになっているかにより、当期の外部からの調達や外部への返済が判断できます。

　資金性分析は1事業年度だけでなく数期間の状況を分析することが重要です。GFSの経営指標推移は5年間のキャッシュフローの変化を数値とグラフで表示していますので、これを分析の手がかりに積極的に利用頂ければと思います。

　上の図に各種比率を表示していますが、これは資金を生み出している資産や負債の回転日数で資金化の良否を期間比較や他企業との比較で良否の判断に使うことができます。異常値が無いかを見ることが重要です。

成長性分析について

成長性分析-ニトリホールディングスの例

売上高増加率
売上高の増加の程度を示す
当期売上高÷前期売上高X100

営業利益増加率
営業利益の増加の程度を示す
当期営業利益÷前期営業利益X100

経常利益増加率
経常利益の増加の程度を示す
当期経常利益÷前期経常利益X100

当期利益増加率
当期純利益の増加の程度を示す
当期純利益÷前期純利益X100

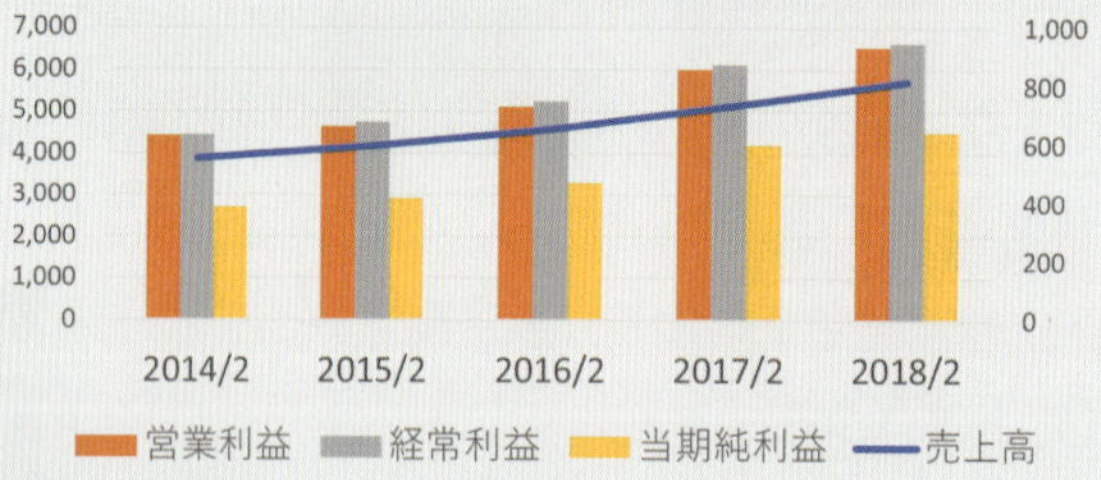

対前期比増減率

	2014/2	2015/2	2016/2	2017/2	2018/2
売上高	111.2%	107.6%	109.8%	112.0%	111.5%
営業利益	102.4%	105.2%	110.1%	117.4%	108.9%
経常利益	102.1%	107.1%	110.5%	116.7%	108.3%
当期純利益	107.3%	107.8%	113.3%	127.9%	107.0%

業績推移　　単位：億円

	2014/2	2015/2	2016/2	2017/2	2018/2
売上高	3,876	4,172	4,581	5,129	5,720
営業利益	630	663	730	857	933
経常利益	634	679	750	875	948
当期純利益	384	414	469	600	642

　収益性分析と健全性分析並びに資金性分析がある決算期を対象に分析を行うのに対して、成長性分析は、複数の決算期を対象にその推移変化を見ようとするものです。トレンド分析と言われることもあります。変化は通常P／L項目が中心となります。売上高や利益概念の各種の利益の増減を見るわけです。B／Sの各勘定残高が短期間で大きく変化することは少ないからです。B／Sは、ある時点の残高を表すのに対して、P／Lは定められた期間（通常1年）ごとに変化する項目を表したものであるという決算書の本質的な性格から当然のことと考えられます。総資産や純資産などのB／S項目の推移も重要な変化の指標なのですが、成長性分析は、あくまでP／L項目中心です。

　成長性分析の売上高や各種利益の増減変化は、金額で把握することも重要ですが、グラフ化することで直感的に理解できます。上に、㈱ニトリホールディングスのP／L項目の推移と増減率を示しています。減少は無く5期間一貫して増加しています。経営努力の賜物だと思います。

　決算書分析の目的の1つは、企業の現状を理解することに加えて、企業の将来性を予測することにあります。成長性分析はこの目的のための最有力手段と言えます。

　GFSでは、成長性分析を「経営指標推移」と呼ぶメニューで企業の主要な経営指標の動きを分析するようにしています。

投資家が重視する指標

ニトリホールディングス

指標	2017／2	2018／2	2019／2
1株当たり利益	541	574	608
1株当たり純資産	3,531	3,939	4,453
1株当たり配当	82	92	97
株価純資産倍率(倍)	3.47	4.47	3.15

2019/3 現在

株価	4025
発行済株式総数	254,281,385
株価総額(億円)	10,230
連結有利子負債（億円）	8,704
E V	18,934
営業利益(億円)	1,149
減価償却(億円)	542
EBITDA(簡易版)	1,691
EV/EBITDA倍率	11.2
連結有利子負債／EBITDA倍率	7.77

阪急阪神ホールディングスのEBITDA倍率

1株当たり利益(PER)
1株当たりの当期純利益
当期純利益÷発行済み株数

1株当たり純資産(BPS)
1株当たりの純資産
純資産÷発行ズム株数

株価純資産倍率(PBR)
株式時価と純資産との倍率
株式時価総額÷純資産

EV/EBITDA
株価と金利税償却前利益の比率
(株式時価総額＋有利子負債)÷(営業利益＋減価償却):簡易版

基礎編
2

投資家と決算書分析

伝統的な財務分析は、企業の収益性や健全性を評価するために行われてきましたが、株式市場との関連で評価する視点が明確ではありません。収益性や健全性の優れた企業は株式市場でも高い評価を受けるはずですから、株価との関連指標は重要です。経済がグローバル化するにつれて株主構成が大きく変化し、外国投資家の要求が強くなってきました。金融機関と企業との相互持ち合いの関係は、過去のものになろうとしています。

株価と深い関係のある指標は略称でEPS、BPS、PBR、PERの4つです。上にこの4つの指標の正式の名称とその算式を表示しています。略称の方が一般的との意見もあります。

EPS（1株当たり利益）とBPS（1株当たり純資産）の意味は理解しやすいと思います。それぞれが1株当たりの指標だからです。

これに対して残る2つの指標であるPBRとPERは少し補足説明を必要とします。PBR（株価純資産倍率）は上の図の算式では、株価総額÷純資産としていますが、これは総株数を考えたときの算式で、1株を基準とした算式では「1株の株価÷1株当たりの純資産」となりますので一般的には『株価が1株当たり純資産の何倍まで買われているのか』と言う説明の方が解りやすいかも知れません。1株当たり純資産は、いわば解散価値ですからこれを下回る株価は市場の評価が著しく低いと言わざるを得ません。

PER（株価収益率）は最もよく知られた株価指標です。『株式が1株当たり純利益の何倍で取引されているのか』という指標だからです。PERは、また、その企業の利益の安定性を表すrと将来の成長性を表すgによって決まると説明されています。利益の安定性と成長性が株価に大きな影響があることが解ります。

本書の企業通信簿ではEDINETで企業が公開する指標である株価収益率から、PER×EPS＝株価（平均株価）を算出し、株価の推移グラフに利用しております。株価と利益の相関関係がどうなっているか見ていただければと思います。

上の図のEBITDA倍率については29頁をご覧ください。

ＲＯＡとＲＯＥ

ROAとROE

ROA（総資本利益率）	ROE（自己資本利益率）
算式：	算式：
$ROA = \dfrac{\text{当期純利益}}{\text{総資本}}$	$ROE = \dfrac{\text{当期純利益}}{\text{自己資本}}$
▪分子の当期純利益に代えて他の利益概念（営業利益や経常利益等）を使うこともある。	▪自己資本に代えて株主資本や純資産という用語を使うこともある。（厳密にはこれら用語の意味する内容には違いがある）

ここまで伝統的な財務分析について、いろいろの側面から説明してきましたが、企業の総合評価指標は何かについて考えてみることにします。最も重視されている指標は、ＲＯＡとＲＯＥです。ＲＯＡは総資本利益率、ＲＯＥは自己資本利益率であることは既に述べました。利益には５つの概念があるため、分析する際の利益に何を使うかは議論もありますが、最も一般的には当期純利益を使います。そこでＲＯＡは正確には総資本当期純利益率ですが、通常はこれを総資本利益率と言っています。

ＲＯＡ及びＲＯＥは前述の収益性分析に掲げましたが、比率の算式から理解できますように利益は損益計算書項目であり、総資本や自己資本は貸借対照表項目です。このＰ／ＬとＢ／Ｓの２つの決算書に渡る比率であることがこの比率の特徴であり、それが企業の総合指標となる重要な点です。

それではＲＯＡとＲＯＥのどちらが企業の総合経営指標として適切かについては意見が分かれます。総資本と自己資本の内容を考察すべきです。まず総資本については業種による特性を見て判断することが必要です。商社や鉄道業、そして金融業（銀行）など総資本が大きいため、総資本利益率は相対的に低くなりますが、これをもって企業を低評価すべきでないとの意見があります。

自己資本の内容にもいろいろな議論があります。算式から理解できますように、自己資本が小さいほどＲＯＥは高くなります。自己資本の内容は基本的に資本金と剰余金（これまでの利益）です。剰余金が多い企業が少ない企業よりＲＯＥは低くなるという一見矛盾した点は問題のように見えます。また、企業が自社株を自由に持てるようになり、自己株により実質的な自己資本を小さくしてＲＯＥを大きく見せることについても議論があります。

筆者はＲＯＥとＲＯＡのどちらを総合指標として重視するかと言えばＲＯＡです。自己資本より総資産を重視します。その理由は経営の観点からです。総資産をできるだけ効率化（圧縮）し、利益を生み出す経営こそが優良企業の証と理解しているからです。

基礎編
2

配当とEBITDA

投資家の関心ある指標

$$1株当り配当額 = \frac{配当総額}{発行済み株式総数}$$

$$配当性向 = \frac{配当総額}{当期純利益}$$

$$EBITDA倍率 = \frac{株式時価総額＋有利子負債}{EBITDA（営業利益＋減価償却費）}$$

投資家が関心ある指標である意味で最も重要なものは配当です。一般に投資家は所有する株の値上がり益（キャピタルゲイン）に最も関心が高く、配当（インカムゲイン）には関心が低いという説が多いのも事実です。しかし、外国投資家の比率が高まり、また、経済が減速化してきますとキャピタルゲインを期待しにくくなり、インカムゲインを求めるしかないという状況になります。事実、配当性向は機関投資家からの圧力もあって年々高まっています。

企業の配当についての情報は、1株当たりの配当金額と当期利益に占める配当額を意味する配当性向の2つが代表的なものです。EDINETの文書情報（有価証券報告書）には「配当政策」の項があり、企業の配当に対する方針や1株当たり配当額、株価の推移などが開示されています。EDINETのXBRL（決算書情報ファイル）にも配当に関する情報が含まれていますのでGFSでは配当に関する情報を保存して「経営指標推移」や「企業通信簿」にも利用することとしております。

一般の投資家には関心がないかもしれませんが、M&Aの投資分析で重視される指標にEBITDA倍率があります。業種により固定資産が経営資源で中心となるとともに有利子負債が大きい電鉄業のような企業では、この比率を重視しています。倍率を例えば10倍以内にするなど、投資家に積極的に発信することが行われています。固定資産が多いため、減価償却費が当然多くなりますのでEBITDA倍率を低くするためには上の算式から理解できますように営業利益を高くする必要があり、この倍率が企業戦略の重要な目標となるわけです。

事例編

財務3表の個別図形分析

1. 図形P／L分析

この事例編では2社を事例で取り上げています。1社は優良企業の㈱ニトリホールディングスで、もう1社は経営状況の厳しい㈱ジャパンディスプレイです。

左の頁の図は、㈱ニトリホールディングスの平成31年2月期のP／L図形分析のA4縦のプリント画面です。GFSではプリントはA4の縦か、横を選択できます。

画面を見ますと上半分に図形のP／L、下半分に勘定区分毎の金額、財務分析のための各種指標が示されています。

P／L図形は売上高を100として既に基礎編で説明した5つの利益概念が5つの縦棒で示されています。この例で見ますと、㈱ニトリホールディングスの利益構造がよく理解できます。すなわち、売上高（PQ）からCOG（売上原価）を控除したGP（売上総利益）が非常に大きく価格戦略で安いと評判の当社ですが、それでも仕入原価を圧縮し、この大きな粗利益を生み出していることが解ります。図形P／Lの下に示されている売上総利益率は54・5％と驚くべき益率です。このGPからC1（販売費管理費）を控除したOP（営業利益）も大きく営業利益率は16・6％もあります。

営業外損益純額（E）は少額のため、G（経常利益）は営業利益とあまり変わらず、特別損益（SP）もほとんど無いためIB（税引前利益）は営業利益とほとんど変わらない額が残っています。TXの税金（法人税等）を控除したNI（最終利益）は金額で681億円、当期純利益率11・2％というすごさです。数値から見る限り、優良企業であることは明らかです。

図形P／Lの縦棒を構成する利益概念や各種損益項目が略称となっているため不慣れと思いますが是非この略称にお慣れください。さらに、図形の下の勘定区分毎の金額や指標にも多くの略称を使っていますが、ここには略称と並んでその正式名称も表示していますので充分にご理解ください。

P／L図形分析のプリント画面は特に掲げていませんが、㈱ジャパンディスプレイについて簡単に説明しておきます。この企業のP／L図形は、決算書図形俯瞰にそのイメージや主要な金額は表示していますのでこれをご覧ください。（39頁）

赤字企業のため営業利益、経常利益、税引前利益、当期利益すべてが赤く表示され、P／Lの四角の枠からはみ出しています。

粗利益（GP）もほとんど無く、圧縮した販管費を償うこともできず営業利益が赤字（営業損失）で、その上特別損失（SP）が多額に発生したため、最終損益は1千億円を超える巨額な赤字となっています。

P／L図形分析　(財務会計)　株式会社ニトリホールディングス

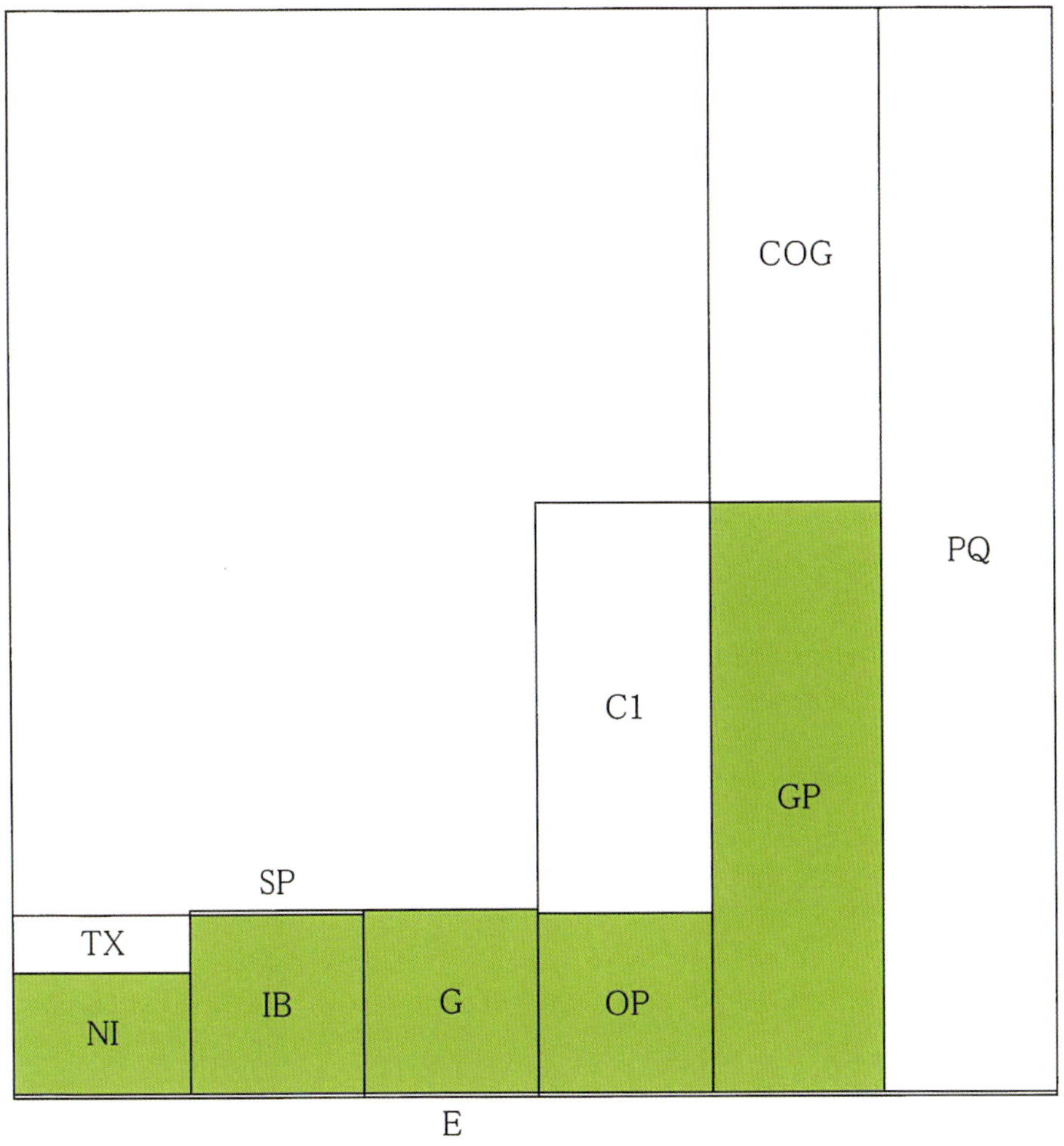

企業形態	業種	人数
連結	小売業	14838人

期間 H30.2-H31.2　　単位 百万円

1 :売上高	(PQ)	608,131	100.0%
2 :売上原価	(COG)	276,709	45.5%
3 :売上総利益	(MPQ)	331,422	54.5%
4 :販売費管理費	(C1)	230,642	37.9%
5 :営業利益	(OP)	100,780	16.6%
6 :営業外損益	(E)	2,275	0.4%
7 :経常利益	(G)	103,055	16.9%
8 :特別損益(-)	(SP)	2,563	0.4%
9 :税引前利益	(IB)	100,492	16.5%
10:法人税等	(TX)	32,309	5.3%
内 法人税等調整額	(TE)	▲1,504	-0.2%
11:当期純利益	(NI)	68,180	11.2%
12:換算差額等	(EI)	1,438	0.2%
13:当期包括利益	(CI)	66,742	11.0%
原価中人件費		********	******
販売費管理費等中人件費		********	******
原価販売費管理費中償却費		0	0.0%

総資産売上高比率	(PQ/SO)	98.2%
EV/EBITDA 比率		1480.9%

一人当り売上高	(PQ/W)	41
一人当り営業利益	(OP/W)	7
一人当り経常利益	(G/W)	7
一人当り人件費	(LC/W)	********
総資本営業利益率	(OP/SO)	16.3%
総資本経常利益率	(G/SO)	16.6%
総資本当期利益率	(NI/SO)	11.0%
一株当り時価 (2019/05/27時点)	(EP)	12,965円
時価総額	(CV)	1,483,760
剰余金配当	(DV)	97
(配当性向)	(DV/N1)	0.1%
一株当り当期利益	(EPS)	607.02円

コメント	

2. 図形B／S分析

左の頁の図は㈱ニトリホールディングスの平成31年2月期の図形B／SのA4プリント画面です。

画面を見ますと上半分に図形のB／S、下半分に勘定区分毎の金額、財務分析のための各種指標が示されています。図形P／Lと基本的に同じです。

図形B／Sは今や一般的となった正方形を縦に2等分し左に資産、右に負債と資本という形になっています。図形には番号が表示されていますが、もうお解りのように1は現預金、2は売上債権というような図形の下に示した勘定区分とリンクしております。対応関係を見ながらご理解ください。

当事例の㈱ニトリホールディングスのP／Lからその優良企業であることが解ったのですが、ここのB／Sでそれが緑色の11に現れています。11は純資産（資本）です。純資産は資本金と過去の利益の蓄積額から構成されますので、利益の大きい当社の純資産は、図形右側の80％強を占める超健全企業であることを示す緑色の形となっております。

図形B／Sを見ると勘定毎の構成がよく解ります。直感的にすぐ理解できます。図形分析の大きな特徴といえます。図形の左の資産側の5が大きく目立ちます。5は固定資産ですが、当社のような多店舗小売業では出店のための自家設備（建物等）のほか、賃借のための保証金や敷金等が多額となります。これが大きな金額を占めるのはやむを得ません。

5の固定資産の図形の中に左右に実線が見えます。これは固定資産の中身を設備などの有形固定資産と投資有価証券などの投資等に区分する線です。同じ固定資産でもこの2つははっきりと区分すべきであるというのが筆者の考えです。当社の場合は自家設備が圧倒的なことが解ります。

図形B／Sの下の金額はお解り頂けると思いますが、流動比率、固定長期適合率など各種の経営指標が表示されています。この内容は基礎編で説明しましたので、ご参照ください。また、下の科目や比率の表示部分で＊＊＊＊で表示された項目が多く見えています。これらの項目は、GFS用にデータ変換したときにEDINETには該当のデータが無いためです。「1株当り時価（株価）」、「発行済株式数」、「自己株式数」などは本書の操作編の『有報データ補正入力』のメニューでこれらの数値を追加データ入力により表示できるようにしています。（74頁参照）

GFSの図形B／Sでもう1つ見ていただきたいことは、左右に分かれた資産と負債の中身です。資産と負債は1年内にその中身が変わる性格のものと何年にも渡って残るものとに分けることになっています。前者を流動資産または流動負債、後者を固定資産または固定負債となります。左の図の資産の「1」、「2」、「3」、「4」などは流動資産で、「7」、「8」、「9」は流動負債ですが、その下に青い線が見えます。これは流動比率線で、流動資産＞流動負債なので流動性が良いことを示します。

本書の「企業通信簿」では貸借対照表の資産・負債・純資産の構成状況から『貸借対照表の6類型』の考え方をご紹介し、この考え方で企業を評価しています。詳しくは後述（46頁&50頁）の箇所をみていただくとして、㈱ニトリホールディングスは「お金持ち経営」となっています。収益力抜群で優良企業であると同時に、資金的にも現預金が潤沢なお金持ちであると評価できます。

B／S図形分析

株式会社ニトリホールディングス

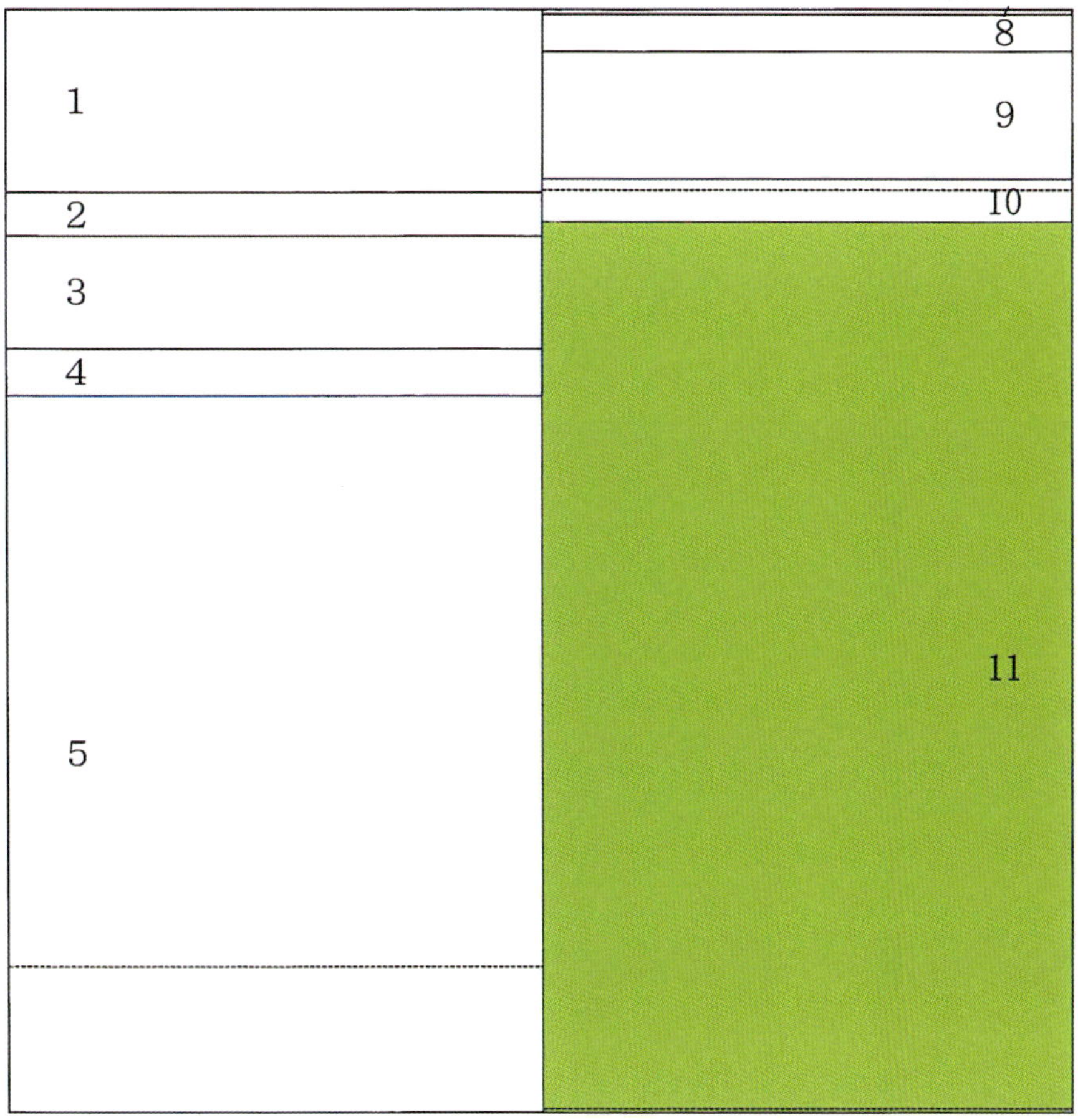

企業形態	業種	人数	
連結	小売業	14838人	総資産売上高比率　98.2%

日付 H30.2-H31.2

単位 百万円

1 :現金資産	102,345	16.5%
2 :売上債権	24,818	4.0%
3 :棚卸資産	62,907	10.2%
4 :その他流動資産	26,491	4.3%
内 有価証券	********	******
内 短期繰延税金	5,518	0.9%
5 :固定資産	402,725	65.0%
内 投資その他資産	81,826	13.2%
内 繰延税金資産	6,386	1.0%
6 :繰延資産	********	******
総資産	619,286	

7 :短期借財	2,639	0.4%
8 :買入債務	20,956	3.4%
9 :その他流動負債	71,421	11.5%
内 短期繰延税金	********	******
10:固定負債	24,078	3.9%
内 社債借入金	6,028	1.0%
内 長期繰延税金	********	******
11:純資産	500,192	80.8%
内 資本金	13,370	2.2%
内 包括利益累計額	1,848	0.3%

割引裏書手形	********
減価償却累計高	********
一株当り時価 (2019/05/27時点)	12,965円
発行済株式数	114,443,496株
自己株式数	2,125,100株
時価総額	1,483,760
一株当り純資産	4,453.34円

流動比率	227.9%
固定長期適合率	76.8%
売上債権回転期間	0.49月
棚卸資産回転期間	2.73月
買入債務回転期間	0.91月
総資本回転期間	12.22月
総資本経常利益率	11.0%

コメント	

3. 図形C／F分析

左の頁の図は、㈱ニトリホールディングスの平成31年2月期のC／F図形分析のA４縦のプリント画面です。

画面を見ますと上半分に図形のC／F、下半分には営業キャッシュフロー（OC）、投資キャッシュフロー（IC）、財務キャッシュフロー（FC）の3つのキャッシュフローの構成内容と現金等価物残高の期首と期末残高を示しています。

図形について少しご説明したいと思います。キャッシュフロー計算書は前述のように3つのキャッシュフローの種類と、その結果である現金等価物残高の2つの異なる要素を同時に示すことができれば、この決算書の理解には最も適しています。そこで2つの要素を長方形の2つの図形で表すことにしました。2つの長方形はそれぞれ独立しており離れています。右側の長方形は、3つのキャッシュフローを表現し、3種類の金額の絶対値の合計を100として、それぞれの種類の絶対値をつないでいます。絶対値と言いましたのは金額がプラスとマイナスがあるためでこのプラスとマイナスを表す手段として色を使って区別することとしました。プラス（増加）を白色、マイナス（減少）をオレンジ色としました。これにより3つのキャッシュフロー構成要素がプラスだったのか、マイナスだったのかが即座に解ります。それぞれの金額の相対的な大きさも解ります。

左側の現金等価物残高の長方形は、期首と期末を比較して増加したのか、減少したのかが即座に解るよう工夫しました。白色が増加、オレンジ色が減少としています。長方形の中に黒いラインが引かれ、期末＞期首であれば期首に比べ増加したため白色で期末残高中の相対的な増加額の位置にラインが引かれます。期末＜期首であれば残高が減少したためオレンジ色で期末残高中の相対的な減少額の位置にラインが引かれるわけです。

事例の㈱ニトリホールディングスの例で言えば、営業キャッシュフローは816億円のプラス（白）、投資キャッシュフローは304億円のマイナス、財務キャッシュフローは113億円のマイナスですので図形の色と大きさもこの金額の相対的な大きさを表しています。現金等価物残高は期首より391億円増加して1000億円となっています。年度中に増加した391億円の1000億円の残高との相対的な位置にラインが引かれ期末残高が期首より増加したことを白色で表しています。

図の右下の最後にフリーキャッシュフローを表示しています。その言葉通り企業が自由に使える資金の意味で使われており、具体的には営業キャッシュフローから投資キャッシュフローを控除した金額です。資金の健全性を判断するのに最適なものです。

C／F図形分析の図形の下の3つのキャッシュフローの要素には、これを構成する具体的な項目が列挙されています。これらの項目は企業がEDINETで公開しているデータから表示しているのですが、EDINETの全項目が網羅されている保証はありません。表示スペースの関係で主要項目となっております。「その他純増減」で差額調整していますのでご了承ください。「その他純増減」が大きな金額の時は公開データの内容を検討する必要があります。

C／F図形分析

株式会社ニトリホールディングス

現金等価物残高　　キャッシュフロー種別

（増加は白色：減少は橙色）

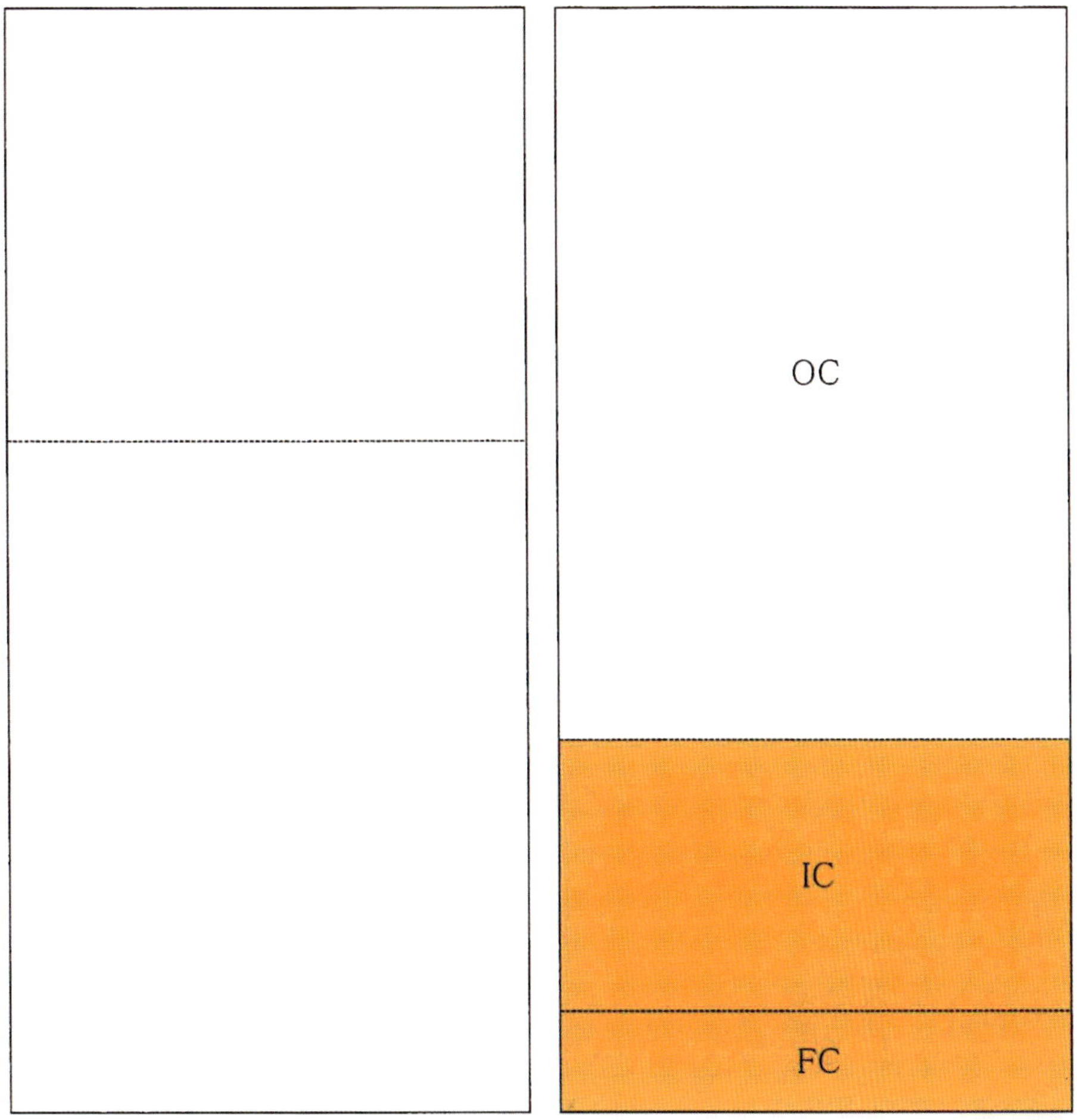

期間 H30.2-H31.2　　人数 14838人　　単位 百万円

1 :税引前利益	100,490
2 :減価償却費	14,218
3 :減損損失	653
4 :のれん償却費	********
5 :賞与引当金増減額	836
6 :退職給与負債増減額	400
7 :受取利息及び配当金	▲519
8 :支払利息	101
9 :受取債権増減額	▲2,365
10:棚卸資産増減額	▲10,014
11:買入債務増減額	1,061
12:法人税純支払額	▲30,651
13:その他純増減	7,454
営業キャッシュフロー(OC)	81,664

14:定期預金預入・払戻収支	▲15
15:有形固定資産取得・売却収支	▲22,124
16:貸付金回収収入	35
17:その他純増減	▲8,320
投資キャッシュフロー(IC)	▲30,424
18:長期借入金純増減収支	▲2,003
19:短期借入金純増減収支	********
20:配当金支払額	▲10,527
21:その他純増減	1,190
財務キャッシュフロー(FC)	▲11,340
現金等価物増減高	39,130
期首現金等価物残高	60,923
期末現金等価物残高	100,053
フリーキャッシュフロー	51,240

コメント	

事例編

決算書図形俯瞰で全体像を知る

1. 優良企業の決算書図形俯瞰

企業通信簿は、財務3表の個別決算書を順次分析することからスタートするのが本書の原則的なアプローチであることは繰り返し説明しました。しかし、財務3表を個別に分析することを省略することもプログラム的には可能です。分析のためのデータが取得・変換されていれば技術的にこの順序は問わないからです。

財務3表の個別分析をスキップして企業通信簿という成果物にいく次の方法は決算書図形俯瞰です。

決算書図形俯瞰は、財務3表の個別分析での図形イメージを1つに集約、俯瞰して理解しようとするものです。慣れてきますと決算書図形俯瞰で全体的に把握して、より深く知りたい情報を事後に財務3表の個別分析で行うことも有効です。

次頁の図は、㈱ニトリホールディングスの平成31年2月期の決算書図形俯瞰のA4プリント画面です。既に財務3表の個別分析でP／L図形分析、P／L（Profit & Loss Statement）すなわち損益計算書分析で見ましたように6000億円余の売上高、1000億円余の営業利益と営業利益率（営業利益÷売上高）16・6%の高さは、低価格戦略で成長を続ける優良企業の姿を現しています。『お値段以上』戦略の賜物だと思います。私が企業の最も重要な経営指標であると考えている総資本当期利益率（当期利益÷総資本）が11・0%もあることだけを指摘し、左の緑色の営業利益（OP）と当期利益（NI）がその面積からこの高い利益率を改めて実感してください。

3つの図形分析の真ん中の「B／S図形分析」は、B／S（Balance Sheet）すなわち貸借対照表分析です。財務3表のB／S図形分析で述べましたように、図形の右の緑の部分の自己資本（純資産）が、貸借対照表の中で圧倒的に大きな面積を占めていることから盤石な優良企業であることを改めてご理解ください。

3つの図形の真下がC／F図形分析です。C／F（Cashflow Statement）すなわちキャッシュフロー計算書分析です。

当社の例では、営業キャッシュフローが白く大きな面積を占めていて、事業から生み出された資金が潤沢にあったこと、また、その資金を使ってオレンジ色の投資キャッシュフローとして積極的に設備投資に使われ資金が流出したことを知っていただければと思います。超優良企業のため、資金の調達や返済などを示す財務キャッシュフローは全く重要性を持っていません。

財務3表の図形の右には各種の指標や比率が示されていますが、真ん中あたりにある1株当り時価、時価総額、1株当り純資産の3項目は、GFSのメニューからの補正データ入力で作成されたものです。ご留意ください。操作方法については74頁以下をご覧ください。

決算書図形俯瞰

株式会社ニトリホールディングス

企業形態	業種	期間	人数	単位	会計基準
連結	小売業	H30. 2-H31. 2	14838人	百万円	日本基準

P／L図形分析

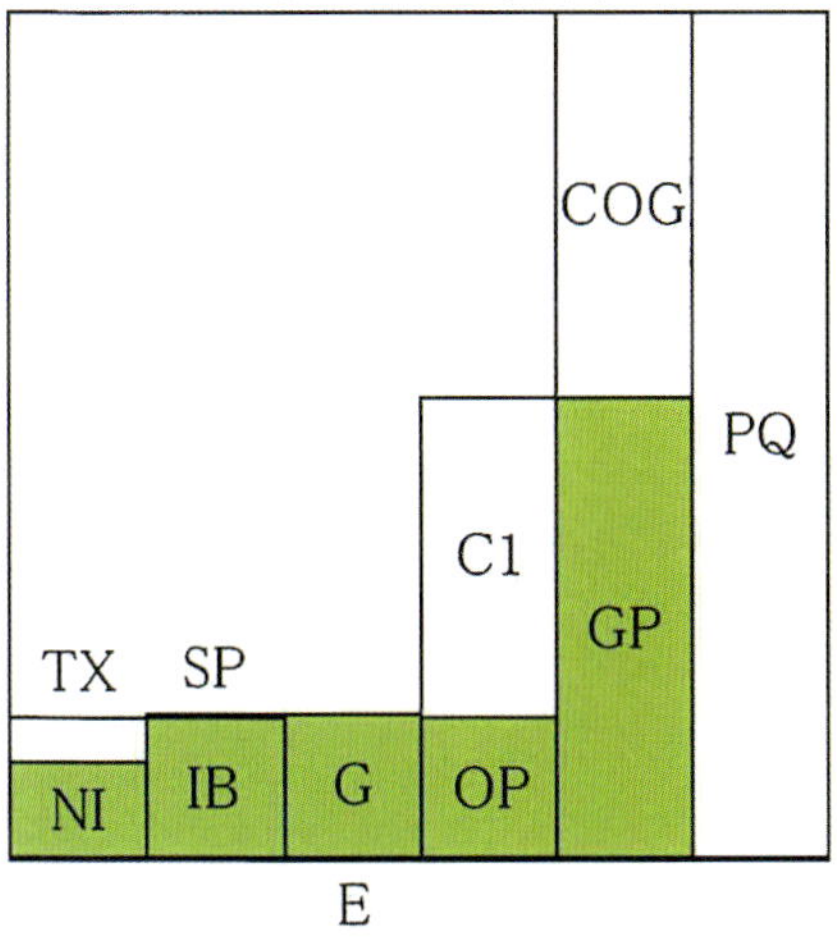

売上高	608, 131	100. 0%
売上総利益	331, 422	54. 5%
営業利益	100, 780	16. 6%
経常利益	103, 055	16. 9%
税引前利益	100, 492	16. 5%
当期利益	68, 180	11. 2%

一人当り売上高	41
一人当り営業利益	7
一人当り経常利益	7
総資本営業利益率	16. 3%
総資本経常利益率	16. 6%
総資本当期利益率	11. 0%

B／S図形分析

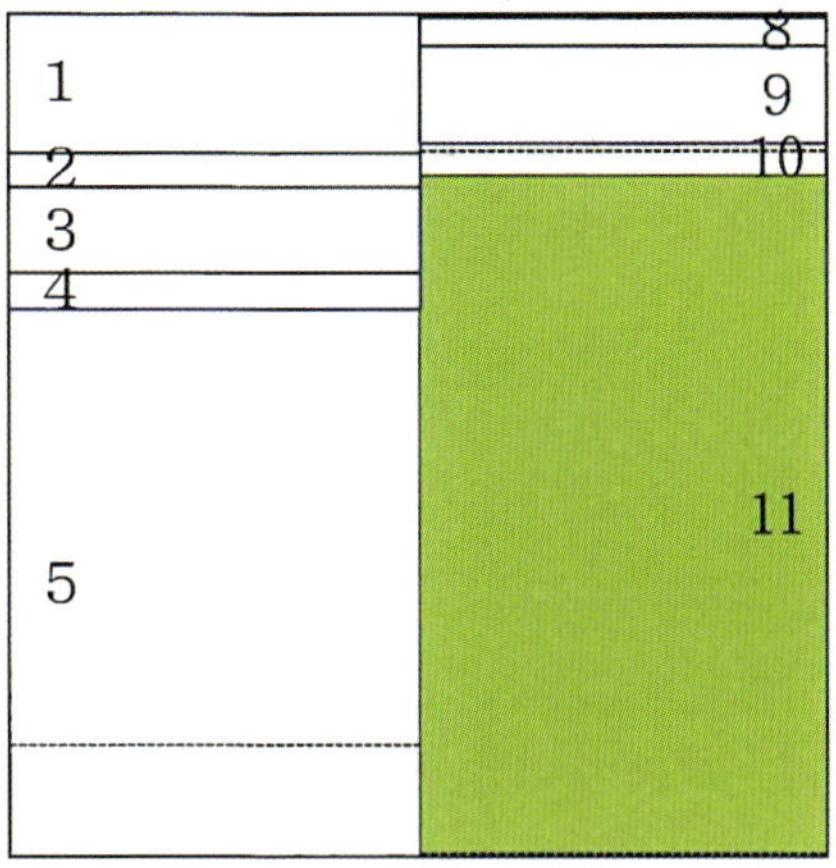

流動資産	216, 561	35. 0%
固定資産	402, 725	65. 0%
総資産	619, 286	
流動負債	95, 016	15. 3%
固定負債	24, 078	3. 9%
純資産	500, 192	80. 8%

総資産売上高比率	98. 2%
流動比率	227. 9%
固定長期適合率	76. 8%

一株当り時価 (2019/05/27時点)	12, 965円
時価総額	1, 483, 760
一株当り純資産	4, 453. 34円

C／F図形分析

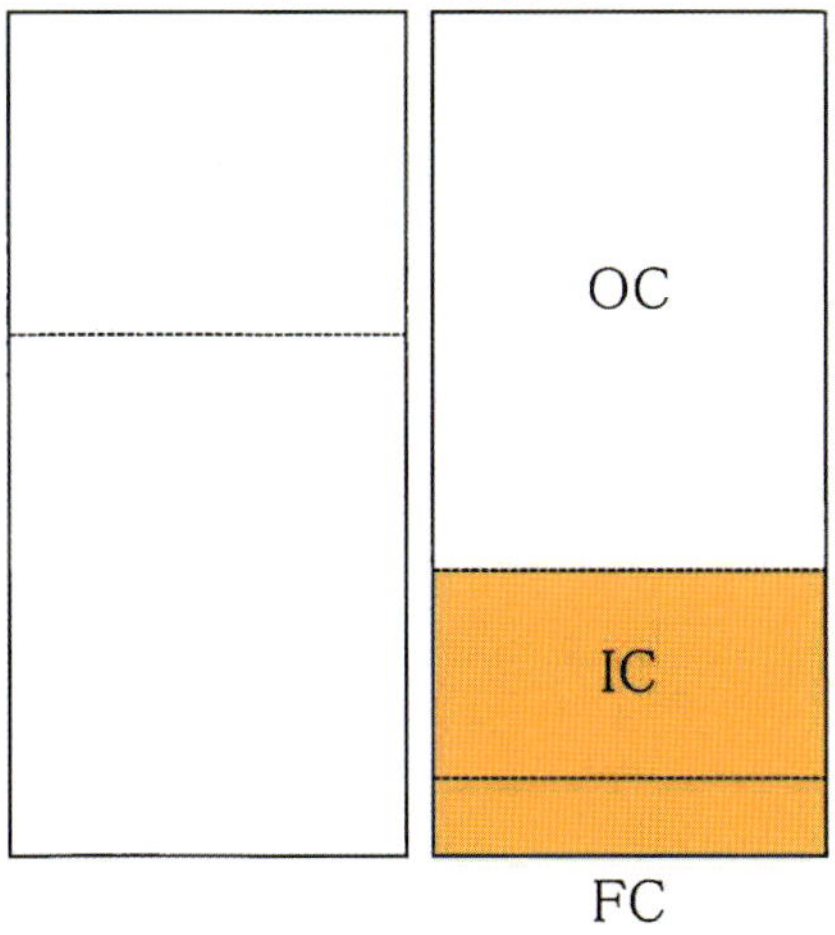

営業キャッシュフロー	81, 664
投資キャッシュフロー	▲30, 424
財務キャッシュフロー	▲11, 340

フリーキャッシュフロー	51, 240

現金等価物増減高	38, 362
期首現金等価物残高	60, 923
期末現金等価物残高	100, 053

債務償却可能年数(正規版：年)	0. 1
債務償却可能年数(簡易版：年)	0. 0

圧倒的な収益力（原価低減）、超優良な財務健全性、潤沢な資金力とお値段以上戦略が、
消費者と企業、両者にウイン、ウインと成っているように見える。

2. 厳しい経営状況企業の決算書図形俯瞰

左頁に示したのは中小型液晶パネル製造世界級大手である㈱ジャパンディスプレイ（以下、当社という）の決算書図形俯瞰です。P／L図形分析は、㈱ニトリホールディングスのとはずいぶん違います。右の金額表示を見ますと、売上高は6366億円とかなりの巨大会社ですが経常利益、税引前利益、当期利益はいずれも441億、1066億、1091億のいずれも▲表示です。これは赤字を示しています。大きな赤字です。左の図形表示の損益計算書は営業利益（OP）、経常利益（G）、税引前利益（IB）、当期利益（NI）はいずれも赤色で赤字を表しています。売上高が大きいのでこれらの赤字はそれなりに大きいのですが、売上高との比率は5%～17%台です。すごい赤字です。図形も大きな赤字を実感できる大きさです。特に、図形で大きく目につくのはSP（特別損益）です。下に飛び出していますので損失が巨額であったことが解ります。これは減損損失です。これは資産を減額して損失に計上することを求める会計基準です。設備などの固定資産を減額して損失に計上します。

次に、B／S図形分析を左側の図形表示で見ますと当社の緑の自己資本はほとんど無く、財務状況が極めて厳しいことが想像できます。上のP／L図形分析で解るとおり、赤字連続ですから自己資本が増えることはありません。赤字なら資本を食い潰す（減少させる）わけですので厳しいことは言を俟ちません。B／S図形分析でまず知っていただきたいことは、この緑色で表示される自己資本の大きさですが、危機的状況です。

また、㈱ニトリホールディングスの流動比率線は青色表示でしたが当社の流動比率線は下に大きな赤色で、資金の不足を訴えています。流動性の違いをご確認ください。

当社の資金的に厳しい状況なのは次のC／F図形分析を見るとよく解ります。キャッシュフロー計算書の営業キャッシュフローは、マイナス61億円で図形のOCもオレンジ色で表示され、資金が事業から結果的に生み出されていないことを示しています。巨額の赤字が出ていましたが、なぜ営業キャッシュフローはこれぐらいのマイナスで済んだのか。その答えは減価償却費と減損損失です。減価償却費は損益計算書では経費となりますが、資金としては流出するわけではありませんので減価償却費を除外した損益が資金になるわけです。減損損失も資金が流失しない損失です。減価償却費や減損損失という非資金的損失のために営業キャッシュフローは比較的小さなマイナスで済んだわけです。投資キャッシュフロー（IC）の378億円がありましたのでこの資金を賄うため、外部からの資金の調達を行い、317億円の財務キャッシュフロー（FC）が表示されています。

経営状況の厳しい企業ではまずP／Lの赤字、B／Sの純資産の縮小、不足資金の調達と負の連鎖が起こります。

優良企業と厳しい経営状況の企業の2社の決算書図形俯瞰で企業の現況は、財務3表を同時に俯瞰分析することで理解可能なことが解りました。財務3表の各個別分析をスキップして決算書図形俯瞰を終えてから財務3表の個別分析に回帰することも有効だと考えております。

決算書図形俯瞰にもコメント欄を設けております。評価者の所見をご記入いただければと思います。

決算書図形俯瞰

株式会社ジャパンディスプレイ

企業形態	業種	期間	人数	単位	会計基準
連結		H30.4-H31.3	5806人	百万円	日本基準

P／L図形分析

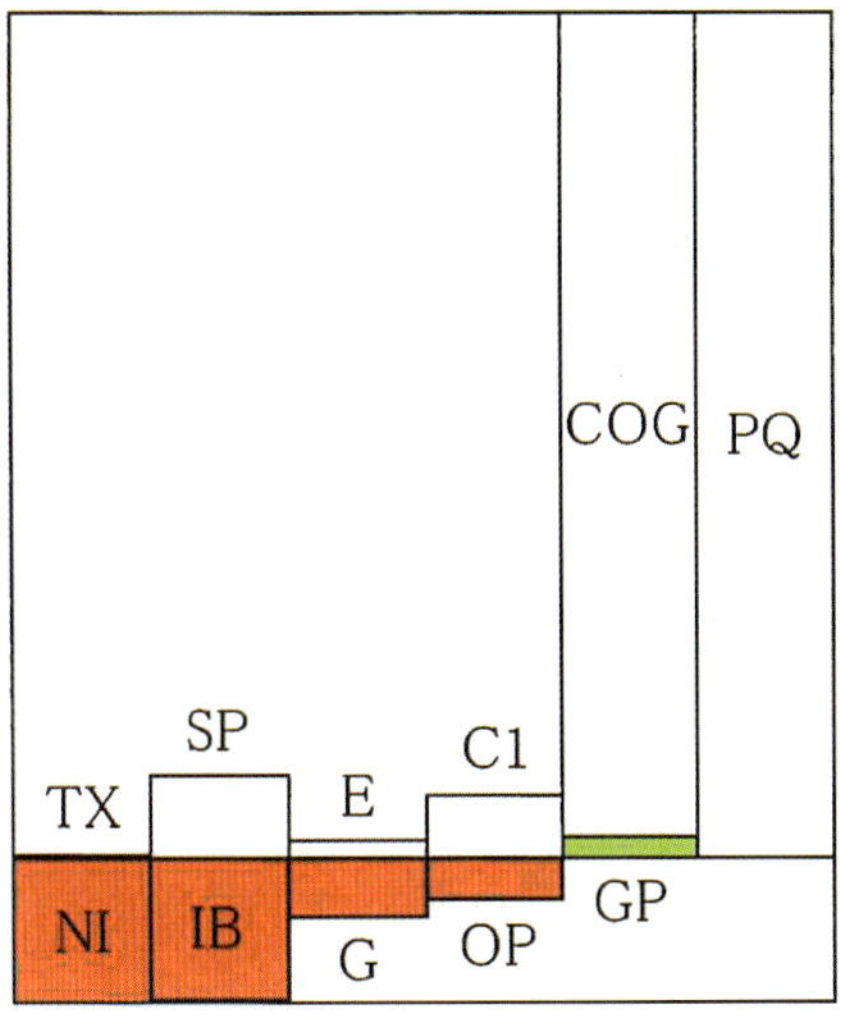

売上高	636,661	100.0%
売上総利益	16,306	2.6%
営業利益	▲30,989	-4.9%
経常利益	▲44,153	-6.9%
税引前利益	▲106,686	-16.8%
当期利益	▲109,123	-17.1%

一人当り売上高	110
一人当り営業利益	▲5
一人当り経常利益	▲8
総資本営業利益率	-5.7%
総資本経常利益率	-8.1%
総資本当期利益率	-20.0%

B／S図形分析

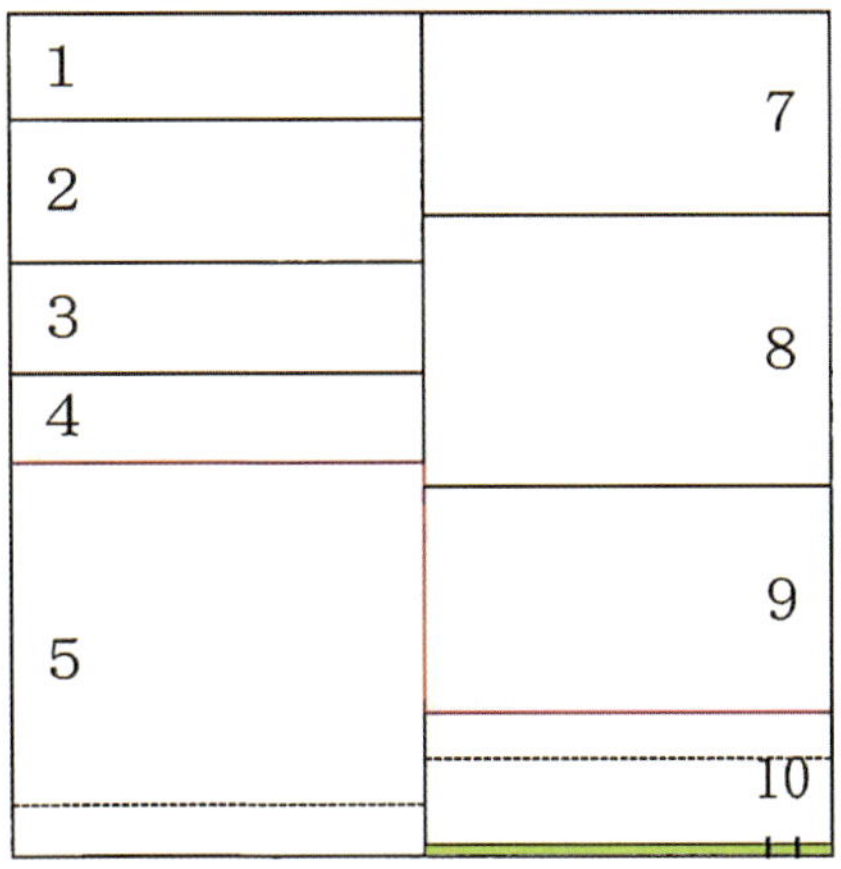

流動資産	290,880	53.3%
固定資産	254,496	46.7%
総資産	545,376	
流動負債	452,957	83.1%
固定負債	85,396	15.7%
純資産	7,023	1.3%

総資産売上高比率	116.7%
流動比率	64.2%
固定長期適合率	275.4%

一株当り時価	********
時価総額	********
一株当り純資産	********

C／F図形分析

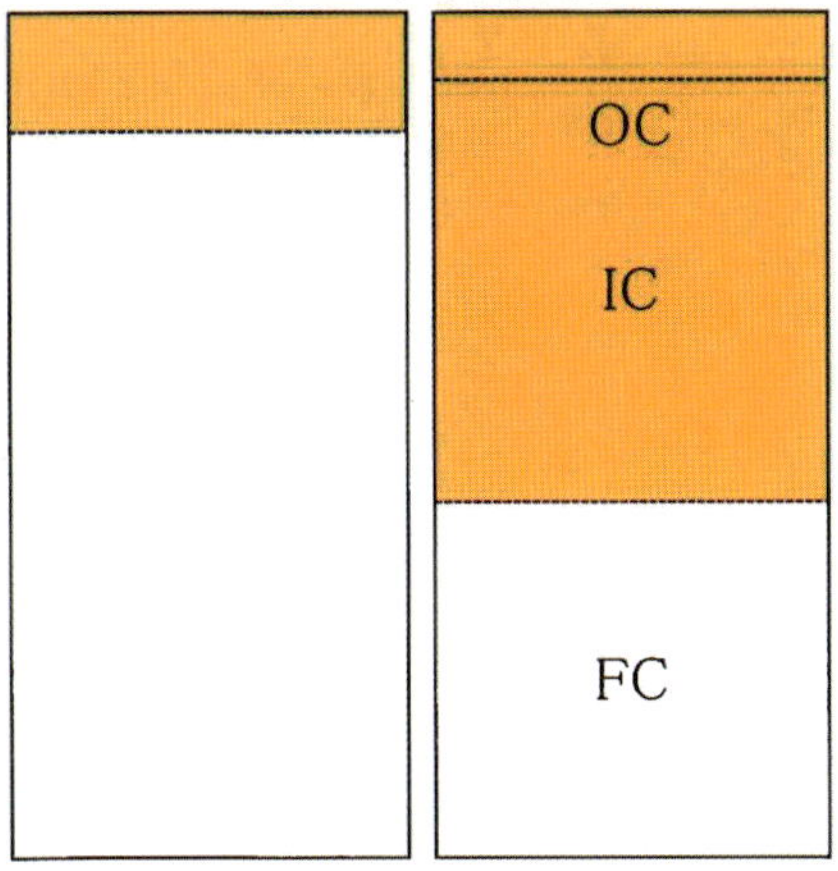

営業キャッシュフロー	▲6,142
投資キャッシュフロー	▲37,864
財務キャッシュフロー	31,756

フリーキャッシュフロー	▲44,006

現金等価物増減高	▲11,504
期首現金等価物残高	80,866
期末現金等価物残高	68,988

債務償却可能年数（正規版：年）	▲26.2
債務償却可能年数（簡易版：年）	0.6

粗利益ほとんどゼロに驚愕し、５年連続赤字もやむなしか。特別損失（減損損失）が厳しい。

企業再生模索の中、綱渡りの経営が続くようだ。日本の代表的企業の再生を願うしかない。

事例編

経営指標推移でトレンドを知る

経営指標推移は企業通信簿の第2の柱

経営指標推移は、EDINETで開示される有価証券報告書の冒頭に「主要な経営指標等の推移」として開示されています。過去を振り返り、将来を予見するために極めて重要なものです。EDINETの主要経営推移には営業利益の項目がありません。近年、営業利益は企業が重視する指標の中でも特に重視するものになっています。EDINETの冒頭の主要経営推移に営業利益が見当たらないのは、筆者の大きな不満です。追加されることを願っています。

GFSはEDINETの数値にグラフを加え、経営指標推移としてメニュー化し利用しております。

経営指標推移分析は企業通信簿の第2の柱です。経営指標とは、財務分析に用いられる各種の指標のことですから、損益計算書に関連するもの、貸借対照表に関連するもの、キャッシュフロー計算書に関連するもの、これら財務3表の相互に関連するものなどに分類できます。「売上高」や「経常利益」、「親会社帰属利益」などは損益計算書と関連するものですし、「純資産額」、「総資産額」などは貸借対照表と関連するものですし、「営業活動によるキャッシュフロー」、「投資活動によるキャッシュフロー」、「財務活動によるキャッシュフロー」などはキャッシュフロー計算書と関連するものです。「1株当たり純資産額」や「1株当たり当期利益」などは、純資産や当期利益（親会社帰属利益）を会社の発行済株数で除したものですから、発行済株式数をキーにして財務3表と関連するものということができます。投資家にとって関心の高い1株当たり年間配当金や配当性向もGFSでは指標に含めております。

42頁の図をご覧ください。㈱ニトリホールディングスの経営指標は、基本的に右肩上がりで成長企業の証です。

決算書図形俯瞰で特定年度の収益性、健全性、資金性を概観できたのですが、この経営指標推移で過去からの企業の成長性をも確認することができます。

資金面でも事業からの営業キャッシュフローを継続的に新規設備投資（店舗開拓）に回す姿が浮き彫りになっています。

当社のような成長企業の経営指標を42頁の図のように数値とグラフを1つに表示しますと、スペースの関係でのグラフの部分が相対的に縮小され成長の実感が乏しいものとなります。そこでGFSでは経営指標推移の分析の際に数値部分を表示せず、グラフだけを表示することもできるようにしています。選択タブに✓を入れていただくことで可能となります。グラフだけを表示したものを43頁に掲げております。成長を実感できると思います。

経営状況の厳しい㈱ジャパンディスプレイの経営指標推移も掲げておきますので成長の難しい企業の姿もご覧ください。（44頁）

EDINET提出書類
株式会社ニトリホールディングス(E03144)
有価証券報告書

第一部 【企業情報】

第1 【企業の概況】

1 【主要な経営指標等の推移】

(1) 連結経営指標等

回次		第43期	第44期	第45期	第46期	第47期
決算年月		2015年2月	2016年2月	2017年2月	2018年2月	2019年2月
売上高	(百万円)	417,285	458,140	512,958	572,060	608,131
経常利益	(百万円)	67,929	75,007	87,563	94,860	103,053
親会社株主に帰属する当期純利益	(百万円)	41,450	46,969	59,999	64,219	68,180
包括利益	(百万円)	66,907	24,458	66,694	54,037	66,742
純資産	(百万円)	310,531	330,968	394,778	441,668	500,192
総資産	(百万円)	404,793	414,541	487,814	550,507	619,286
1株当たり純資産	(円)	2,806.99	2,981.27	3,530.51	3,938.89	4,452.99
1株当たり当期純利益	(円)	376.14	425.10	540.93	574.49	608.05
潜在株式調整後1株当たり当期純利益	(円)	374.73	421.40	536.23	571.63	606.03
自己資本比率	(%)	76.4	79.5	80.7	80.1	80.7
自己資本利益率	(%)	14.9	14.7	16.6	15.4	14.5
株価収益率	(倍)	20.21	19.43	22.65	30.68	23.11
営業活動によるキャッシュ・フロー	(百万円)	52,923	57,343	77,930	76,840	81,664
投資活動によるキャッシュ・フロー	(百万円)	△43,023	△35,899	△42,047	△82,751	△30,424
財務活動によるキャッシュ・フロー	(百万円)	△6,654	△9,943	△6,414	655	△11,340
現金及び現金同等物の期末残高	(百万円)	25,713	36,794	66,035	60,923	100,053
従業員数 (外、平均臨時雇用者数)	(人)	9,215 (9,877)	9,699 (11,060)	10,169 (11,942)	10,366 (14,450)	12,668 (14,838)

(注) 売上高には消費税等は含まれておりません。

経営指標推移分析

株式会社ニトリホールディングス　企業形態 連結　業種 小売業　人数 12668人

決算年月	単位	27年2月	28年2月	29年2月	30年2月	31年2月
1 売上高	(百万円)	417,285	458,140	512,958	572,060	608,131
2 経常利益	(百万円)	67,929	75,007	87,563	94,860	103,053
3 親会社帰属利益	(百万円)	41,450	46,969	59,999	64,219	68,180
4 純資産	(百万円)	310,531	330,968	394,778	441,668	500,192
5 総資産	(百万円)	404,793	414,541	487,814	550,507	619,286
6 1株当たり純資産額	(円)	2,806.99	2,981.27	3,530.51	3,938.89	4,452.99
7 1株当たり当期純利益	(円)	376.14	425.10	540.93	574.49	608.05
8 自己資本比率	(%)	76.4%	79.5%	80.7%	80.1%	80.7%
9 自己資本利益率	(%)	14.9%	14.7%	16.6%	15.4%	14.5%
10 営業活動キャッシュフロー	(百万円)	52,923	57,343	77,930	76,840	81,664
11 投資活動キャッシュフロー	(百万円)	▲43,023	▲35,899	▲42,047	▲82,751	▲30,424
12 財務活動キャッシュフロー	(百万円)	▲6,654	▲9,943	▲6,414	655	▲11,340
13 現金等価物期末残高	(百万円)	25,713	36,794	66,035	60,923	100,053
14 従業員数	(人)	9,215	9,699	10,169	10,366	12,668
15 平均株価	(円)	7,602	8,260	12,252	17,625	14,052
16 1株当たり年間配当金	(円)	55.00	65.00	82.00	92.00	97.00
17 配当性向	(%)	16.8%	15.9%	19.8%	15.9%	19.2%

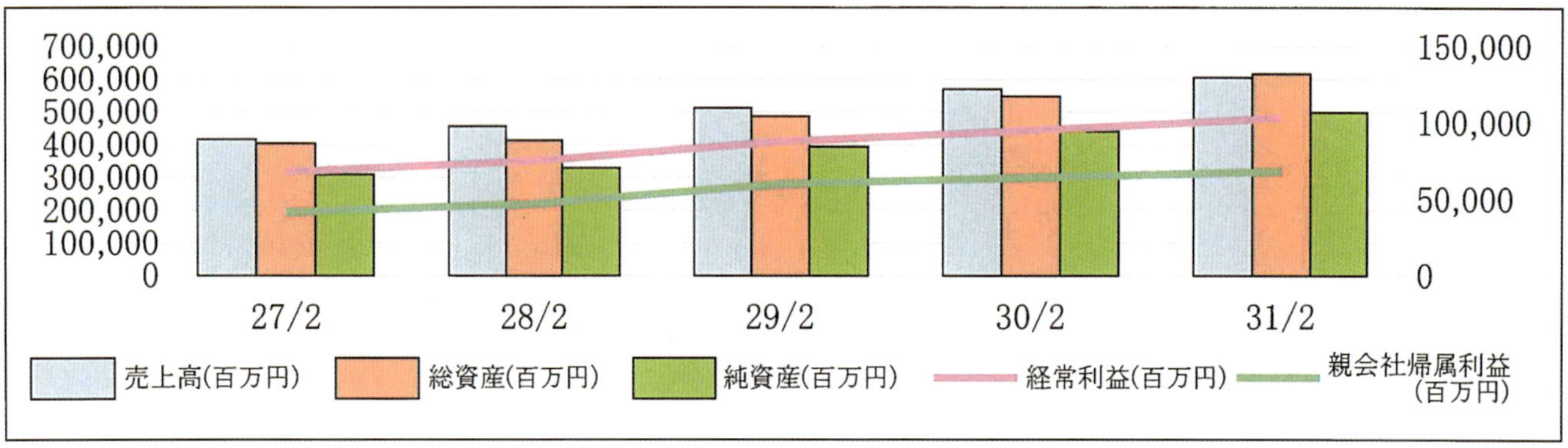

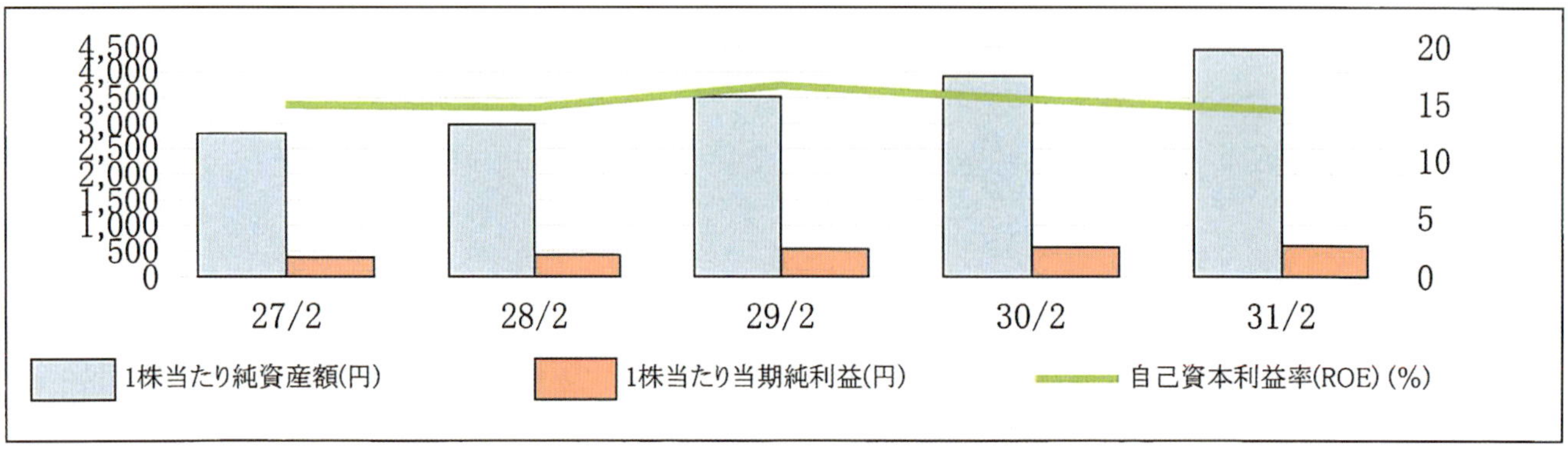

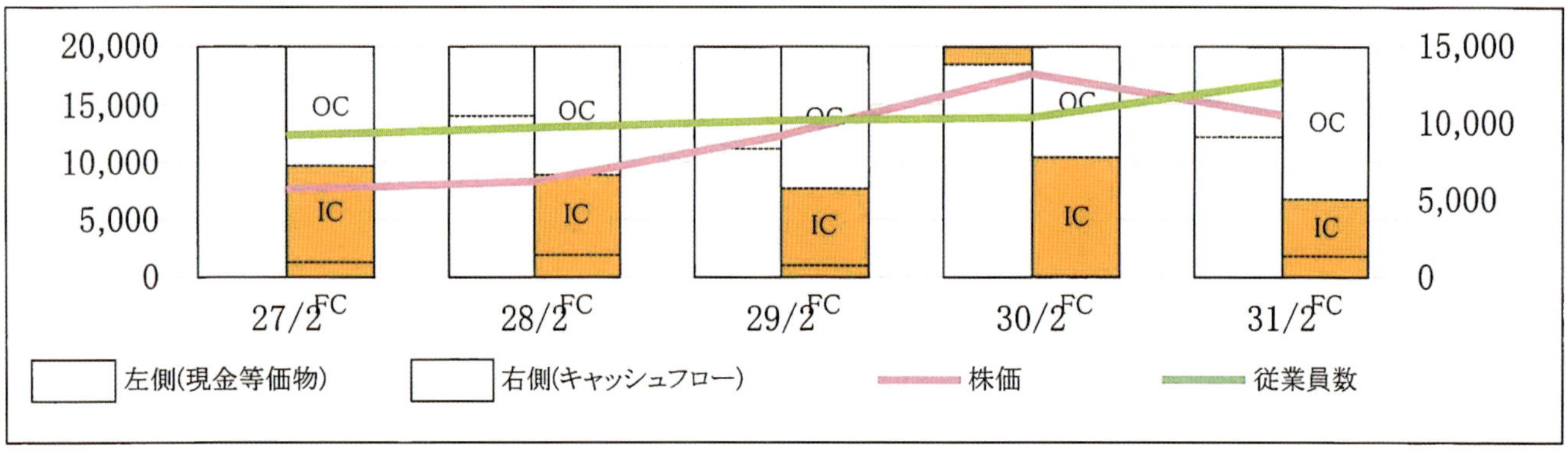

継続的な成長軌道を歩む。高い利益率と投資指標は投資家にも垂涎の的か。

今後の経営の難しさもどう乗り切れるか。

経営指標推移分析 (グラフのみ)

株式会社ニトリホールディングス　企業形態 連結　業種 　人数 12668人

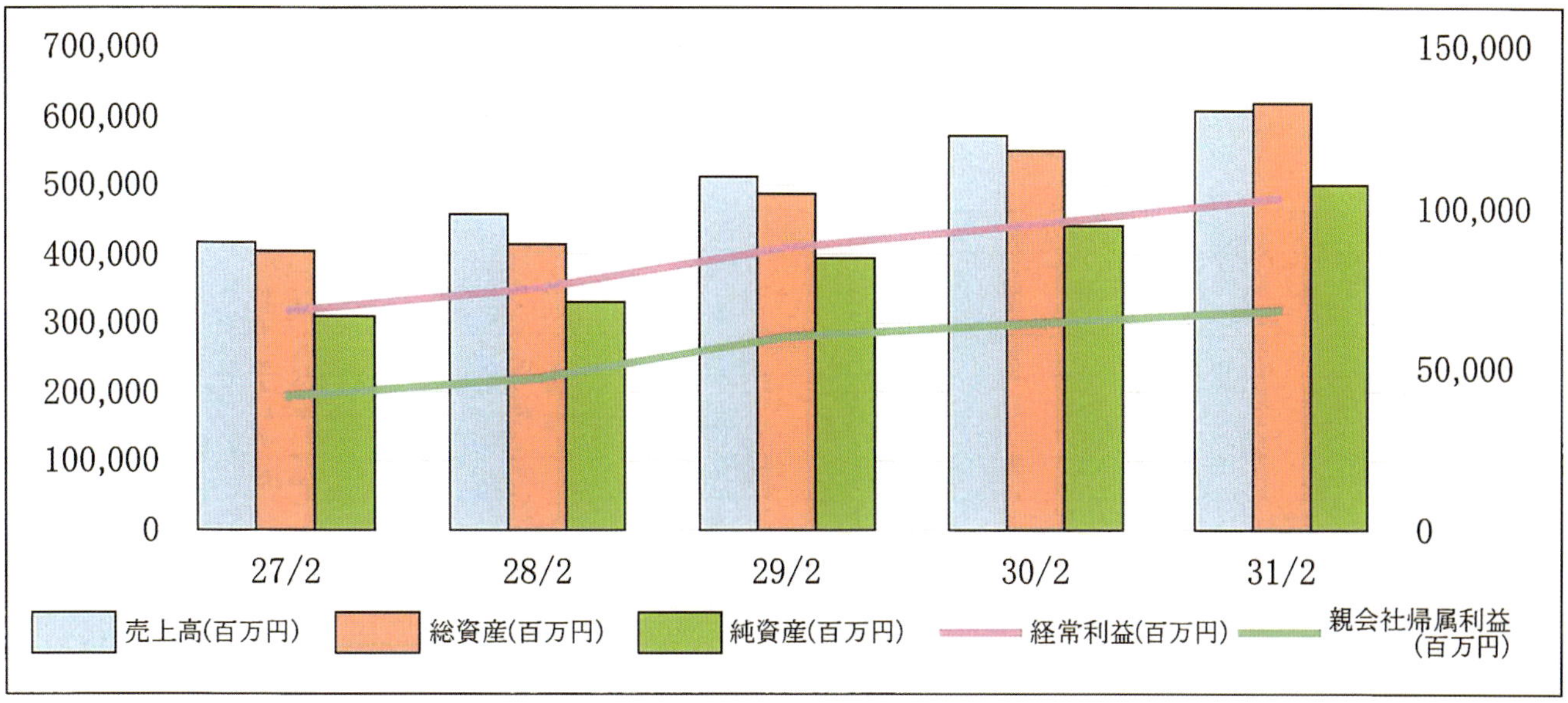

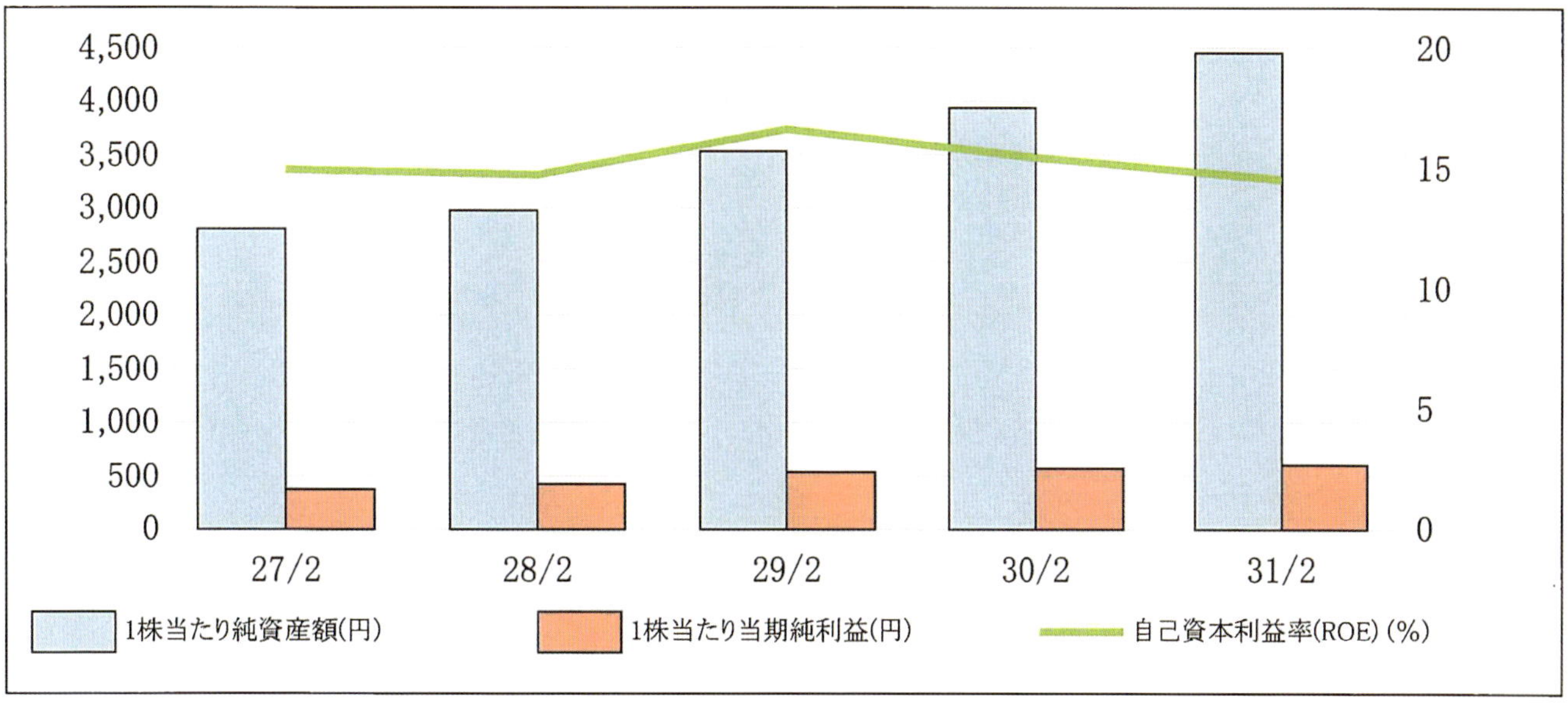

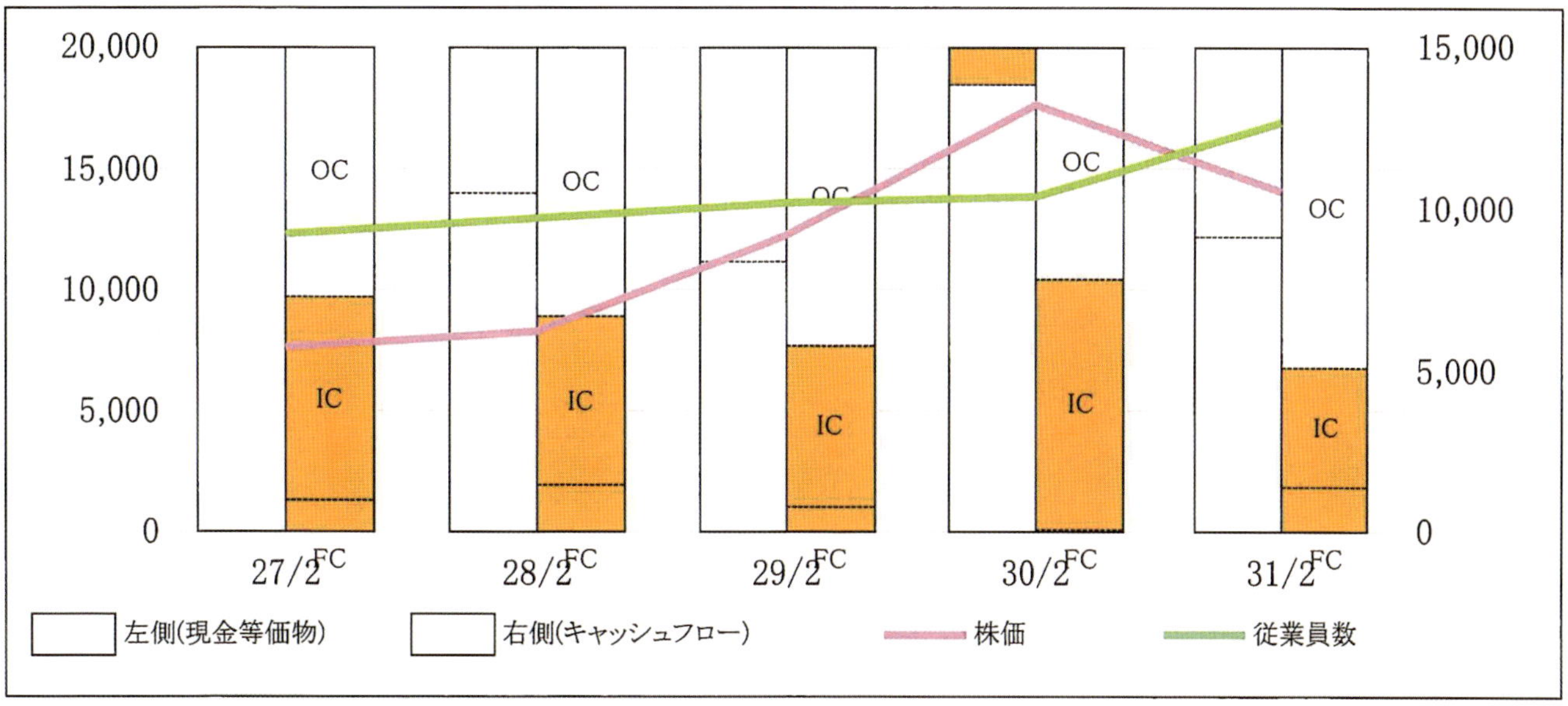

グラフのみ表示で成長の実感がより鮮明に読み取れる。

来期の事業計画の達成と継続した成長軌道に期待が高まる。

経営指標推移分析

株式会社ジャパンディスプレイ　企業形態 連結　業種 製造業　人数 20170人

決算年月	単位	27年3月	28年3月	29年3月	30年3月	31年3月
1 売上高	(百万円)	769,304	989,115	884,440	717,522	636,661
2 経常利益	(百万円)	1,864	▲12,934	▲8,871	▲93,658	▲44,153
3 親会社帰属利益	(百万円)	▲12,270	▲31,840	▲31,664	▲247,231	▲109,433
4 純資産	(百万円)	402,626	365,249	327,085	82,046	7,023
5 総資産	(百万円)	831,622	813,861	915,631	614,644	545,376
6 1株当たり純資産額	(円)	666.92	603.83	540.16	133.58	5.91
7 1株当たり当期純利益	(円)	▲20.42	▲52.94	▲52.65	▲411.09	▲131.84
8 自己資本比率	(%)	48.2%	44.6%	35.5%	13.1%	0.9%
9 自己資本利益率	(%)	-3.0%	-8.3%	-9.2%	-122.0%	-256.5%
10 営業活動キャッシュフロー	(百万円)	73,320	151,442	112,004	▲754	▲6,142
11 投資活動キャッシュフロー	(百万円)	▲96,346	▲181,156	▲142,592	▲53,161	▲37,864
12 財務活動キャッシュフロー	(百万円)	▲24,971	▲6,098	55,663	52,864	31,756
13 現金等価物期末残高	(百万円)	94,643	55,077	82,247	80,866	68,988
14 従業員数	(人)	16,984	15,722	13,173	11,542	20,170
15 平均株価	(円)	432	220	260	193	69
16 1株当たり年間配当金	(円)	0.00	0.00	0.00	0.00	0.00
17 配当性向	(%)	0.0%	0.0%	0.0%	0.0%	0.0%

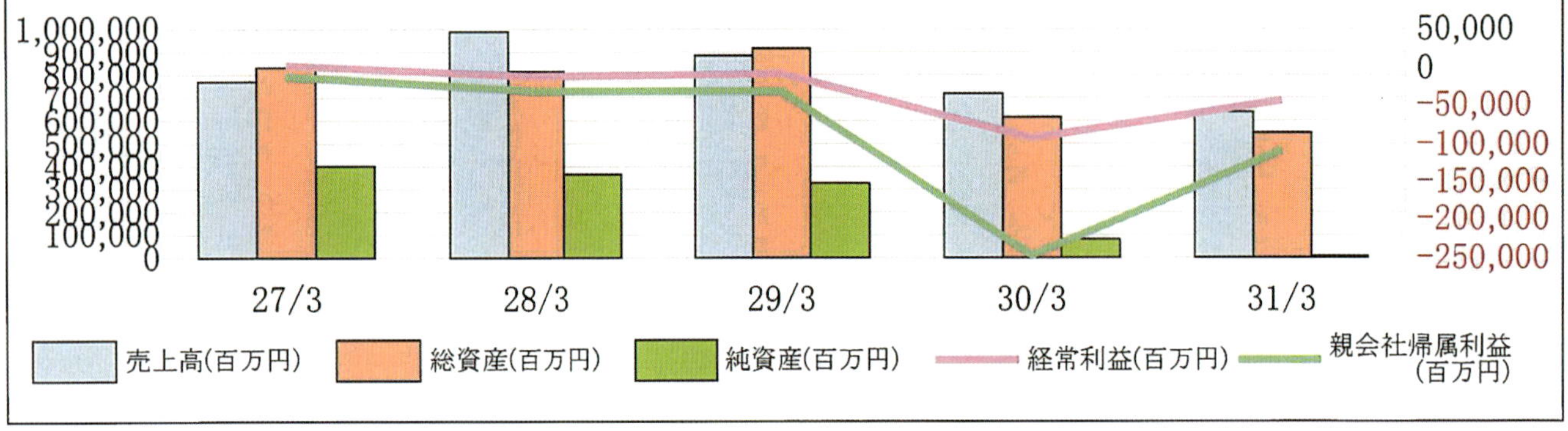

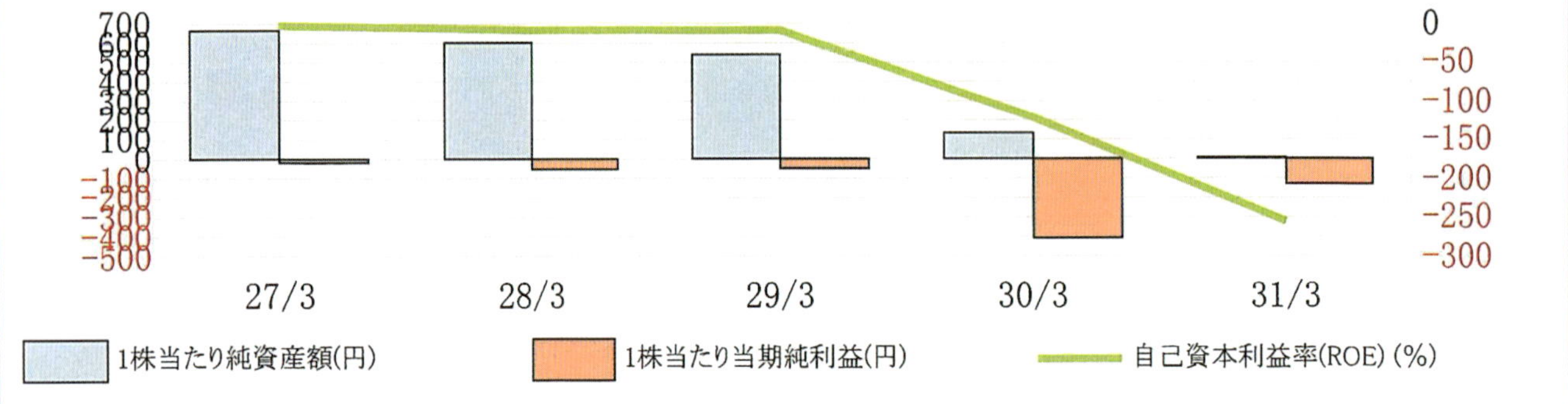

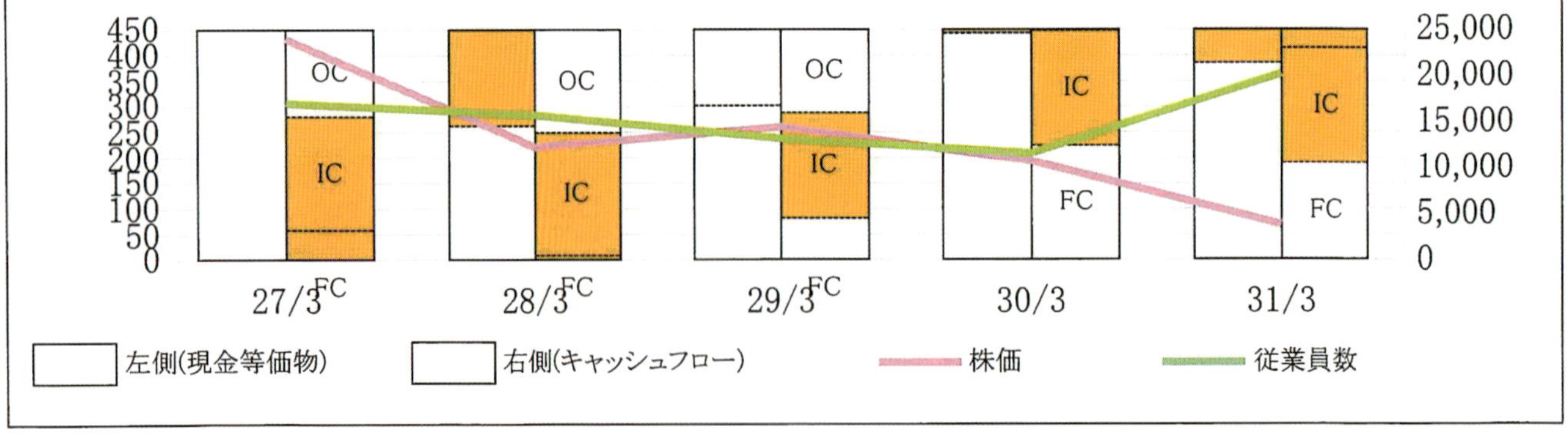

粗利益ほとんどゼロに驚愕し、5年連続赤字やむなしか。特別損失も厳しい。

企業再生模索の中、綱渡りの経営が続くようだ。日本の代表的企業の復活を願いたい。

図形決算書はここを見る

図形 P/L はここを見る

1. 損益構造を全体的に理解する

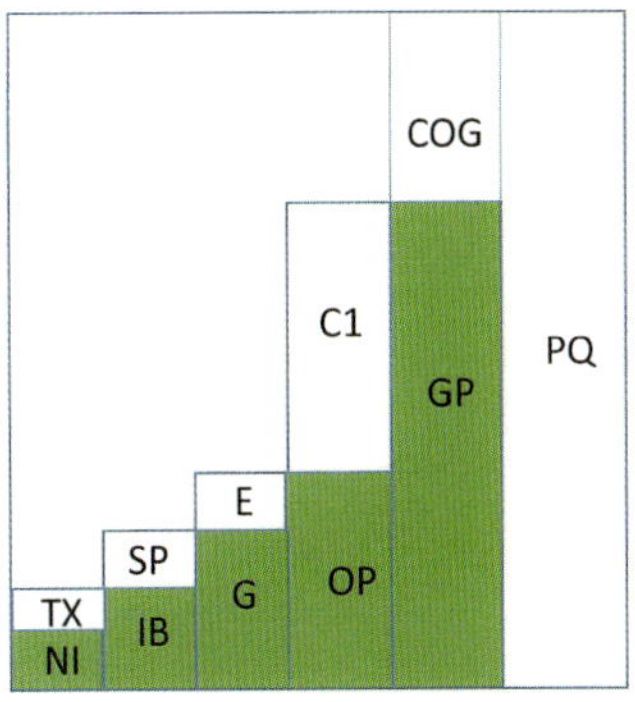

階段状に表示した損益構造を把握し、特定の構成要素に異常性がないか注目します。赤字企業の損益構造も事例編に示していますのでご覧ください。

2. 異常な構成要素の内容を理解する

異常項目について、EDINET で公表されている有価証券報告書を見て異常項目の内容とその異常性が経常的か、臨時的か、当該企業の特質か、業界の特質か、当期だけのものかなどを知る必要があります。

3. 税引前利益と最終純利益との関係を見る

上場企業は税効果会計を行っています。税効果会計の基本は税金と当期純利益はイーブンに近いということです。そうでない場合はその理由を知ることで企業の優劣の判断の助けになります。

図形 B/S はここを見る

1. 純資産の大きさを見る

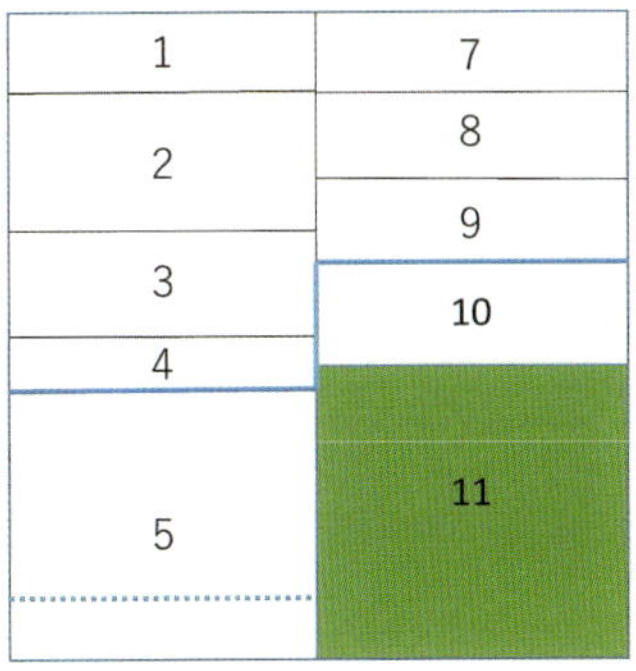

純資産（図の 11）の大きさは会社の健全性の最重要な指標です。純資産の主な内容は過去の利益の蓄積（利益剰余金）ですから、純資産が大きいほど会社が健全であることを意味しています。

2. 流動資産と流動負債の関係を見る

資産側（図の左）の 1 ～ 4 は流動資産、負債側（図の右）の 7 ～ 9 は流動負債を表しています。流動比率（流動資産÷流動負債）100%以上が良好と考えられています。GFS では流動比率が 100%以上は青い線で、以下は赤い線で表示されますからこれで判定ください。

3. 固定資産と純資産との関連を見る

図の 5 は固定資産です。この固定資産が純資産とどのような関係となっているかは、財務の健全性を判断するもう 1 つの基準です。固定資産＜純資産ほど固定資産が充分な純資産でまかなわれていて健全性が高く、固定資産＞純資産は、固定資産が純資産で足りない借入金や流動負債でまかなわれていて健全性が低いことになります。

4. 流動資産や流動負債の内容をつかむ

流動資産や流動負債の中味を見て、特に構成比が大きな勘定科目、すなわち金額の大きな勘定科目は内容をさらに検討しましょう。これにより会社の特徴を深く理解できるわけです。

5. 固定資産の有形固定資産と投資その他資産の関係を見る

固定資産の中味は、設備である「有形固定資産」と投資有価証券のような「投資その他資産」に分かれます。この 2 つの内容の関係は、設備中心の会社か、設備以外の投資や賃借関係資産の会社かが判断できます。GFS では、 5 の固定資産の中に 1 本の線が入っていますが、これが 2 つの区分を表しています。この区分線をよくご覧ください。

図形 C/F はここを見る

1. 現金等価物の増減を知る

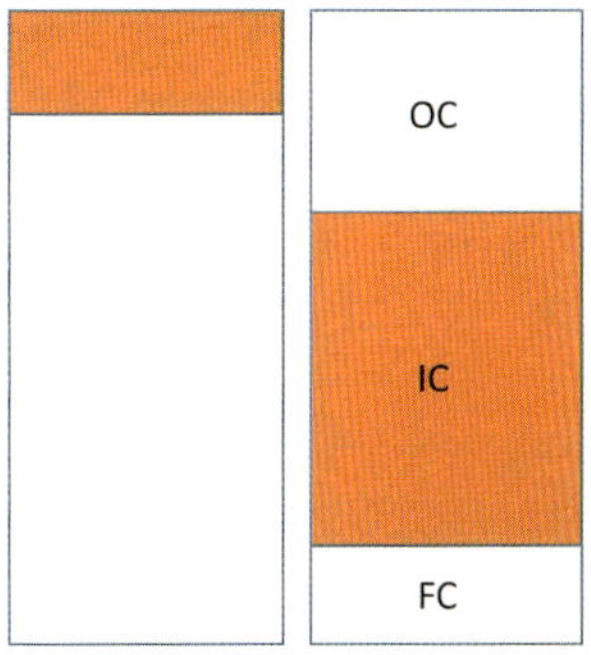

図形 C/F の左の長方形は、現金等価物残高の期中の増減を表しています。期首＞期末と減少した場合は、オレンジ色、期首＜期末で増加したときは、白く表示しています。色と幅で直感的に現金等価物（資金）の残高の増減が理解できます。

2. C/F の 3 つの内容の増減を理解する

C/F の 3 つの種別それぞれが増加であったか、減少であったかをまず理解します。通常は営業 C/F（OC）は資金の増加、投資 C/F（IC）は資金の減少が普通です。財務 C/F は企業の状況により変わります。色と幅で増減をご理解ください。

3. フリーキャッシュフローに注目する

フリーキャッシュフローというのは、会社が自由に使える手元資金で、通常、営業ＣＦから投資ＣＦを控除した金額をいいます。投資ＣＦは営業ＣＦの範囲内に止めておくのがいいといわれています。

事例編

企業通信簿の事例を見る

1．企業通信簿の収益性評価

左は㈱ニトリホールディングスの平成31年2月期の企業通信簿を示しています。企業通信簿は、まずは決算書図形俯瞰の成果を基本としています。財務3表のそれぞれを収益性評価、健全性評価、資金性評価と順を追って総括し文書化しています。

まず収益性評価です。言うまでもなく損益計算書分析が収益性評価となります。売上高、営業利益、経常利益、当期純利益（親会社帰属利益）等の各利益概念の数値と関連の利益率が表示されています。また、一般投資家が関心の高い1株当たり当期利益（EPS）や株価収益率（PER）も表示しています。これらの数値から、企業規模、企業の優劣を判定するわけです。さらに決算書図形俯瞰の図形イメージを改めて企業通信簿に示すことにより、当該企業の財務3表を理解することを目指しています。

2．企業通信簿の健全性評価と資金性評価

次は健全性評価です。総資産や純資産の額を表示していますが、健全性評価の中心となるのは自己資本比率です。決算書図形俯瞰のB／Sを見れば、この比率の大きさを即座に実感できます。健全性評価は貸借対照表分析です。各勘定の相対的な大きさや異常性を見ることも必要です。伝統的な財務分析の流動比率などの諸比率も有用ですが、各勘定の構成関係が企業のいかなる経営状況を表すものかが示されれば最高です。

貸借対照表の現預金、流動資産、固定資産、流動負債、固定負債、自己資本（純資産）の各構成状況や相互の関係性から『貸借対照表の6類型』として類型化して企業の経営状況を6つに分類する考え方が公認会計士の方から示されています。私はこの類型化を高く評価しています。伝統的な比率分析だけでは何か物足りません。貸借対照表の6類型は別に掲げていますように（50頁）ワンワードで企業の現在の状況を的確に表現しています。健全性だけでなく資金性や今後の方向性までも予感できます。企業通信簿にはこの6類型を筆者の独断で100字以内のコメントにして取り入れさせていただきました。是非、この類型から企業の現状と将来をお考えいただきたいと思います。

3つ目の評価は資金性評価です。これは評価と言うよりも現金等価物残高や3つのキャッシュフローの現状を表示しています。むしろ有用なのは、資金性評価の最後に掲げているキャッシュフロー関連の指標の推移グラフです。これにより資金の源泉と運用のトレンドが理解できます。この流れの理解こそ資金性評価と言えるものです。営業キャッシュフロー（OC）が安定的にプラスか、財務キャッシュフロー（FC）は合理的と理解できるかなどです。

企業通信簿

株式会社ニトリホールディングス　　分析対象期：平成３１年２月 通期【連結】

Ⅰ．収益性評価（損益計算書）

当社の対象期の収益性評価の基本指標は次の４つです。（　　）は、対象期末を含む過去５年の平均値です。

（１）売上高　608,131百万円（513,715百万円）　（２）営業利益　100,779百万円

（３）経常利益　103,053百万円（85,682百万円）　（４）親会社帰属利益　68,180百万円（56,163百万

収益性を評価する重要指標は営業利益率、経常利益率、当期利益率などで、各々の利益と売上高との比率です。

（５）対象期の営業利益率　16.57%　（６）経常利益率　16.95%（16.68%）

（７）親会社帰属当期利益率　11.21%（10.93%）

これらの比率から評価者が当企業の収益性を評価して優劣を判断いただきたいと思いますが、私は総資本利益率（ROA）という指標を最も重視しています。それはROAが、利益と総資本の比率ですからいかに限られた資源（総資本）で効率的に利益に結びつけるかという経営指標だからです。この指標も利益の種類によって３つのROAの算出が可能ですが、通常は総資本当期純利益率をROAとしています。当社の対象期のROAは以下のとおりで、日本企業は１０％を超えているかどうかを基準に経営に当たっていると考えられています。

（８）総資本当期利益率　11.01%（11.34%）

収益性評価でも、もう１つの視点は、株価との関係です。１株当たり当期利益（EPS）が通常使われる指標です。また、健全性評価で記載したPBRと同様、株価とEPSの関係はPER（株価収益率）としてよく使われており、株式が１株当たり当期利益の何倍まで買われているかを示しています。株価は年平均株価です。ご留意ください。

（９）EPS　608.05円（504.94円）　（１０）PER　23.11倍（23.68倍）

（１１）１株当り配当額　97.00円（78.20円）　（１２）配当性向　19.20%（17.52%）

（１３）時価総額　1,608,164.07百万円（1,368,536.74百万円）

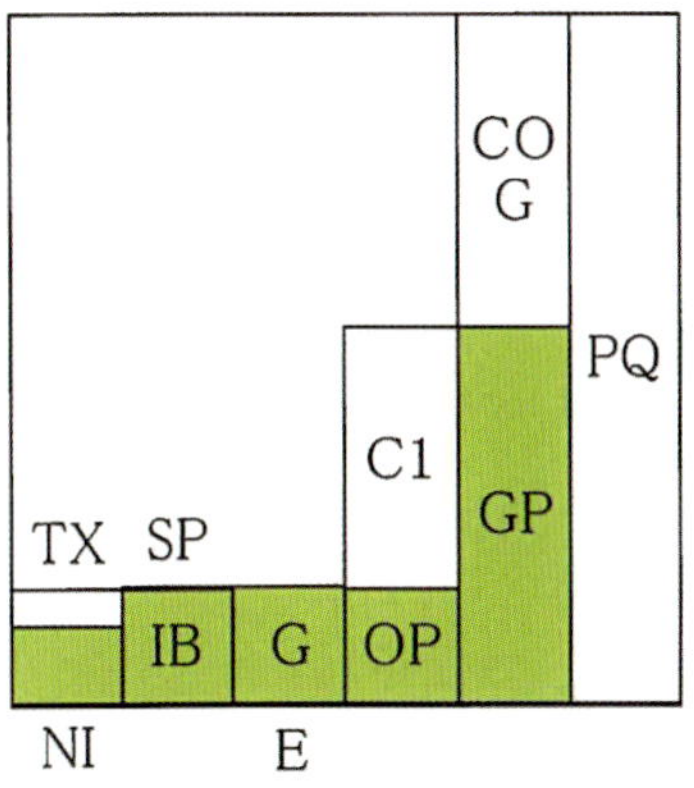

P／L図形分析

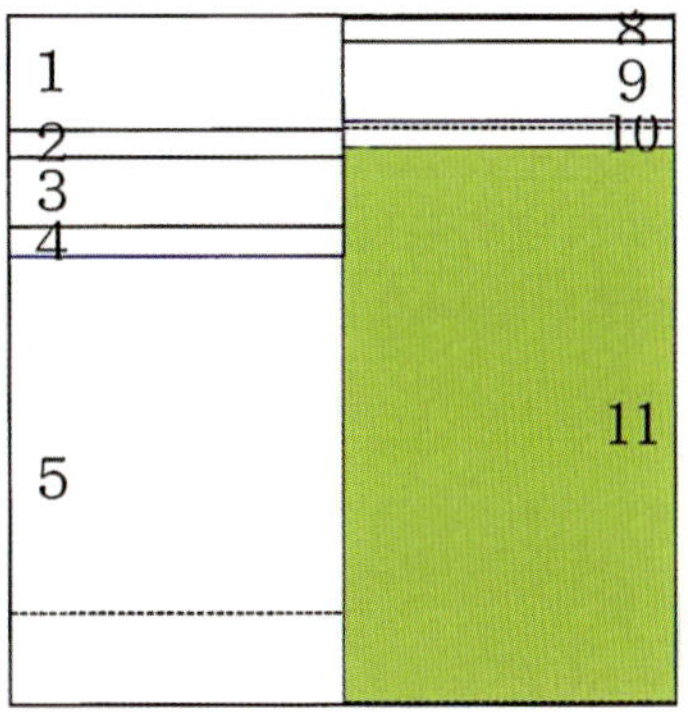

B／S図形分析

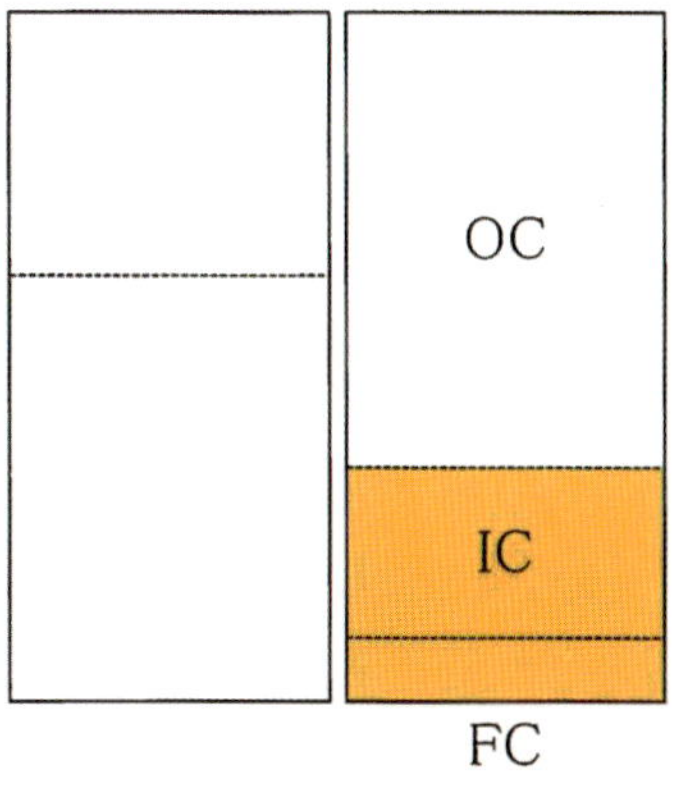

C／F図形分析

Ⅱ．健全性評価（貸借対照表）

当社の対象期末の貸借対照表評価指標は次のとおりです。

（１）総資産　619,286百万円（495,388百万円）　（２）純資産　500,192百万円（395,627百万円）

総資産から企業の規模、純資産から企業の優劣を推し量ることができます。

企業の健全性を評価する基本となるのは自己資本（純資産）比率です。この比率は、当社の出発点です。

（３）対象期末の自己資本比率　80.70%（79.48%）

これまで健全性評価の指標としては、伝統的に当座比率、流動比率、固定比率等が用いられてきました。流動比率については、「決算書図形俯瞰」で流動比率線として図形B/Sで体感できました。これらの比率は健全性評価の重要指標なのですが、私はある方がこれらの指標を総合的に取り入れ図形化した「貸借対照表の６類型」（注）を発表されてから私はこれを推奨することにしています。健全性の視点から企業を評価する素晴らしい手法です。

【１/３ページ】　

企業通信簿

株式会社ニトリホールディングス　分析対象期：平成３１年２月 通期【連結】

当社の対象期末の貸借対照表は、この６類型の中の『５．お金持ち経営』となります。

お金持ち経営は、潤沢な資金を持つ余裕のある経営です。優秀な組織や業務管理体制に緩みが生じないよう新規事業、新製品開発、M&Aなど人材の有効活用を進めるのが重要です。

健全性評価のもう一つの視点は、株価との関係です。１株当たり純資産（BPS）は、株価形成の基本となっています。また、株価純資産倍率（PBR）は、株価が１株当たり純資産の何倍まで買われているかを示しています。

（４）BPS　4,452.99円（3,542.13円）　（５）PBR　3.16倍（3.38倍）

（注）中村儀一著「会計力のツボ－会社の中身がまるごと見える－」35頁

Ⅲ．資金性評価（キャッシュフロー計算書）

会計上の利益は、入金していない売上や支払っていない債務なども含めて計算されますので、利益を盲目的に信じるのでなく、資金（現金等価物）こそが『真の利益』と言われることもあります。現金等価物残高は、資金の絶対額で、これが資金性評価の出発点になります。

（１）現金等価物残高　100,053百万円（57,904百万円）

現金等価物残高は、企業のこれまでの毎事業年度の３つのキャッシュフローのプラス・マイナスの結果が積み上げられた結果です。別に説明していますように「決算書図形俯瞰」のC/F図形分析で並べている２つの長方形の左側は、当事業年度中の現金等価物の増減でした。現金等価物の増減とはこのC/F図形分析の右側の長方形である次の３つのキャッシュフローの総額を差し引きした結果なのです。残高なのか、年度中の総額なのかの区別を金額とともに図形で再度ご確認いただければと思います。

（２）営業キャッシュフロー　81,664百万円（69,340百万円）

（３）投資キャッシュフロー　▲30,424百万円（▲46,829百万円）

（４）財務キャッシュフロー　▲11,340百万円（▲6,739百万円）

資金はプラスは資金の調達（源泉）で、マイナス（▲）は資金の運用（流出）です。営業キャッシュフローが資金の中心であり、これを投資キャッシュフローとしてどのように使用したのか、財務キャッシュフローで営業キャッシュフローをどのように補った（調達や返済等）のかを見るわけです。

資産や負債と売上高(売上原価)との関係を分析して回転日数（回転率）を見る手法は、決算書分析の伝統的なもので資金分析にとっても有効ですが、健全性評価のところで述べました「貸借対照表の６類型」は、企業の健全性評価であると同時に企業の資金性評価手法として優れたものであることを改めて述べておきたいと思います。

投資家にとっては、資金性と関連する事項に配当があります。１株当たり配当額は投資家にとってある意味、最大の関心事ですし、配当性向は利益に占める配当額の割合として企業側にとっても関心事です。

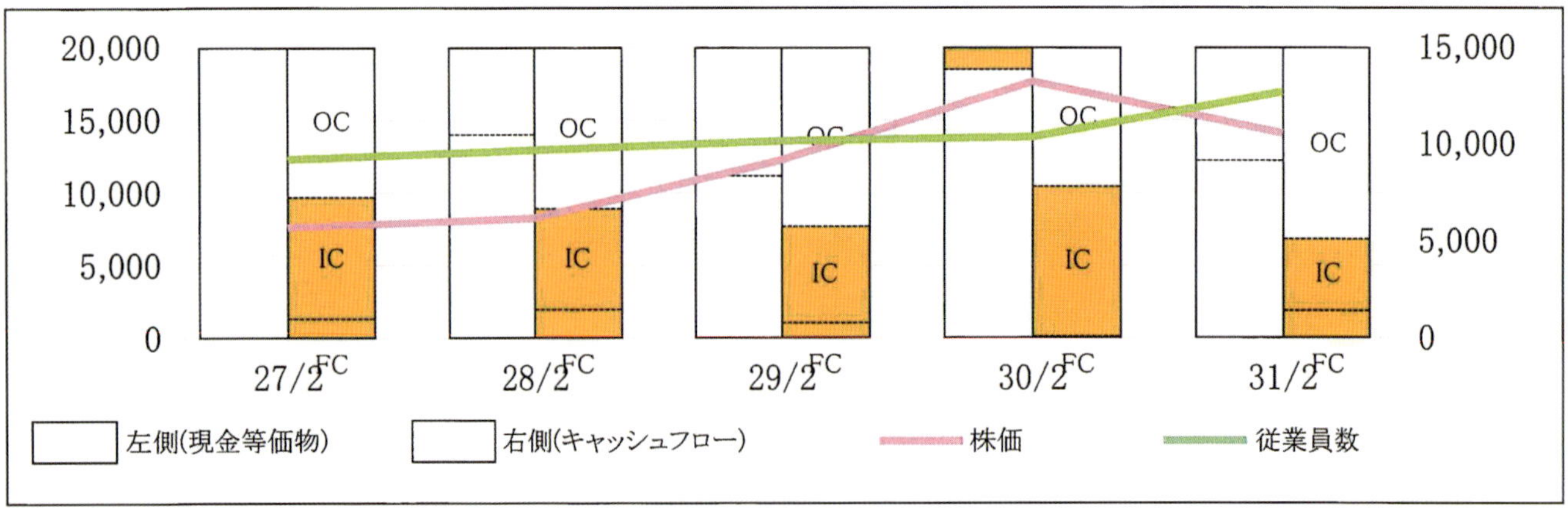

企業通信簿

株式会社ニトリホールディングス　　分析対象期：平成３１年２月 通期【連結】

Ⅳ．成長性評価

成長性評価の手法と流れ

成長性とは企業の将来性を評価しようとするものです。分析手法としては時点間の増減を推移分析として見ることが基本です。しかし、決算書分析の成長性評価は過去の推移だけでなく、今後の推移予測や、見通しも知りたいところです。過去の推移は上の健全性、収益性、資金性の各評価で示した現況数値と過去5年平均から評価いただくわけですが、「経営指標トレンド分析」でこの推移を数値だけでなく、グラフで直感的に理解できるようにしていることをお示ししました。また、成長性は、企業が常に変動する経済の中にあるため、出来るだけ直近の責任ある公表数値によって補完追跡することができればその質は高まります。通期（年度決算）だけでなく、四半期毎の決算書を分析した「四半期分析」や、金融庁へ提出する前に企業が公表する決算発表（決算短信）の分析である「決算短信分析」を並行して見ていただくことで、出来るだけ直近の状況を映した「企業通信簿」となるのです。

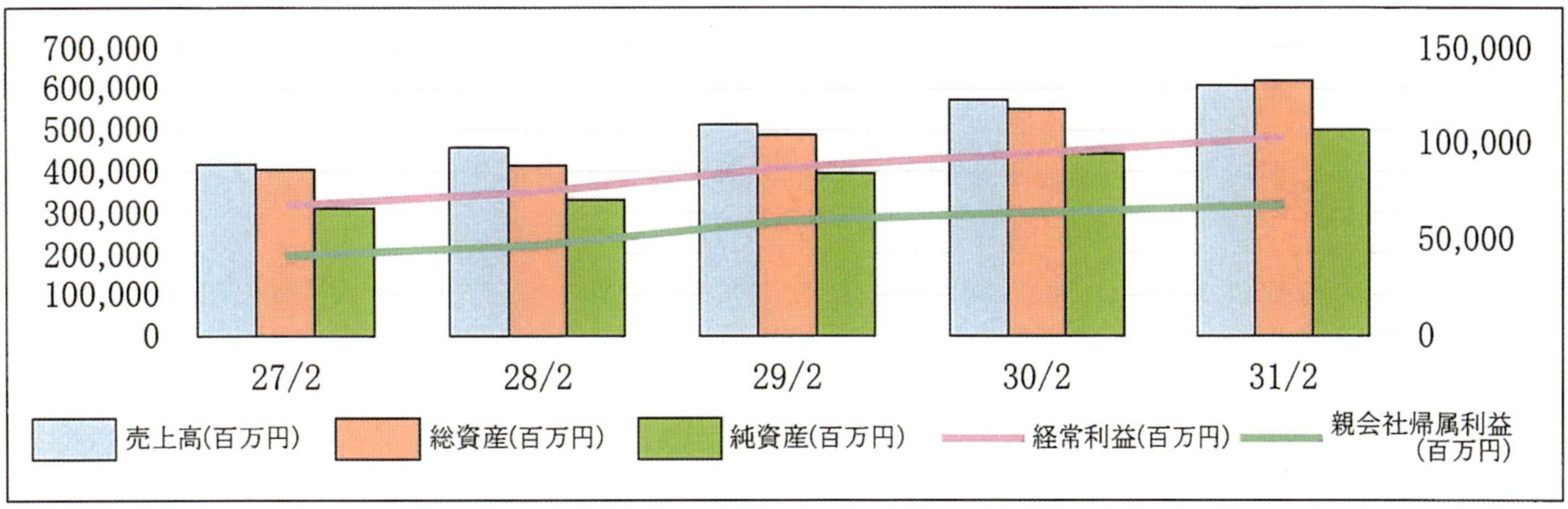

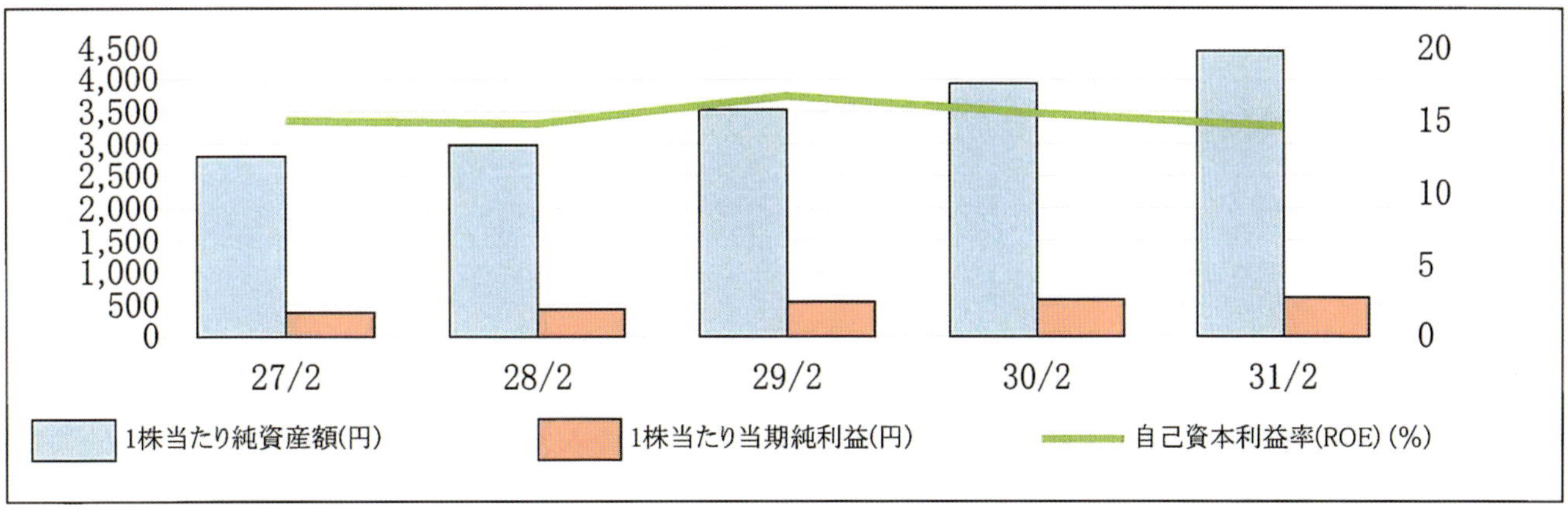

Ⅴ．当社評価のコメント総括

「企業通信簿」までに至る各種の決算書分析を行ってきましたが、ここでそれぞれの分析で記載したコメント部分を以下に総括することにより、当社についての凝縮された評価をご確認ください。

決算書図形俯瞰のコメント

経営指標推移のコメント

継続的な成長軌道を歩む。高い利益率と投資指標は投資家にも垂涎の的か。

今後の経営の難しさもどう乗り切れるか。

決算短信分析のコメント

3. 企業通信簿の成長性評価とトレンド分析

ここまで企業通信簿を「決算書図形俯瞰」から入ることで、図形による企業イメージだけでなく基本的数値情報をも提供していることを説明しました。しかし、財務分析手法のもう1つの成長性評価は、決算書図形俯瞰では明らかにできませんので、次に「経営指標推移」分析を行うことで企業の経営指標のトレンドをグラフと図形からイメージ的に把握することにしています。トレンドを構成する数値情報で企業通信簿の成長性評価を可能とするようにするとともにトレンドグラフを同時に示すことで企業の成長性評価を再認識できるようにしているわけです。

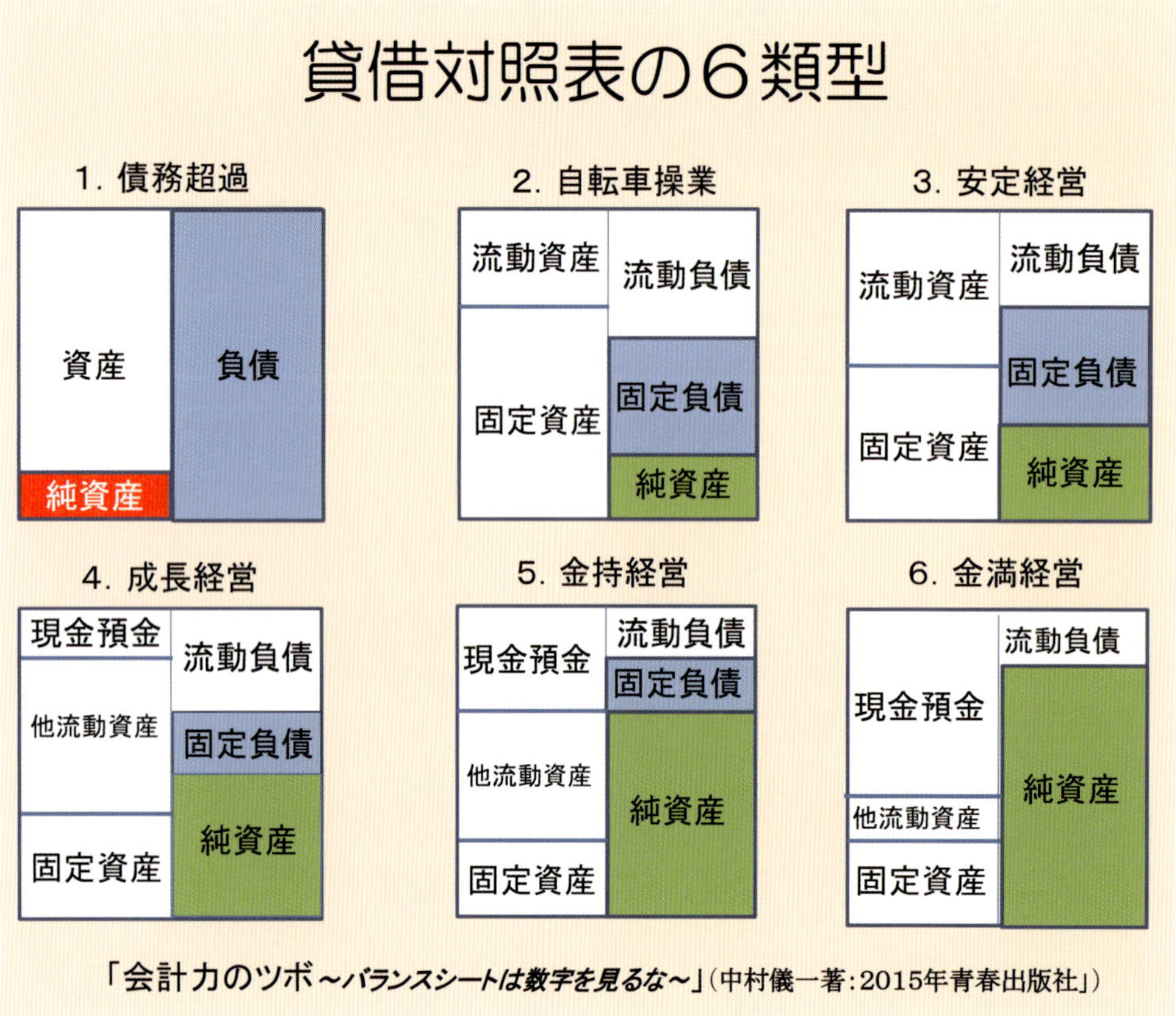

4. 企業通信簿と貸借対照表の6類型

健全性評価の項で貸借対照表の6類型について充分説明できませんでしたので、ここで補足しておきたいと思います。上の図をご覧ください。6類型は、①債務超過、②自転車操業、③安定経営、④成長経営、⑤金持経営、⑥金満経営の6つです。企業通信簿でも左のような貸借対照表を構成する資産、負債、純資産の構成状況によってこの6類型を判定するようにしています、さらに、この6類型がどのような経営状況なのかを表現するため、6類型の中村儀一氏の著書を参考に筆者が独断で文言にまとめて表示するようにしています。

6類型の中で特に留意いただきたいのは安定経営です。③安定経営の文言は、「一見安定した良好な経営に見えます。しかし、飛躍を目指す一時的な安定か、停滞継続の安定かを見極める必要があります。組織改革、種々の管理面の改善が鍵です」としています。

既に貸借対照表から経営状況を6類型化するこの考え方の先見性については述べたところですが(46頁)、この手法は本書の図形イメージから決算書を直感的に判断し、評価する手法と相通じるものです。

貸借対照表の6類型は、本来個別財務諸表を対象に研究された結果だと思います。連結決算書がその大半である上場企業でそのまま該当するのかは、議論があるかも知れませんが、連結決算書にも基本的に適用可能と思っております。

Coffee Break

GFS はこうして生まれた

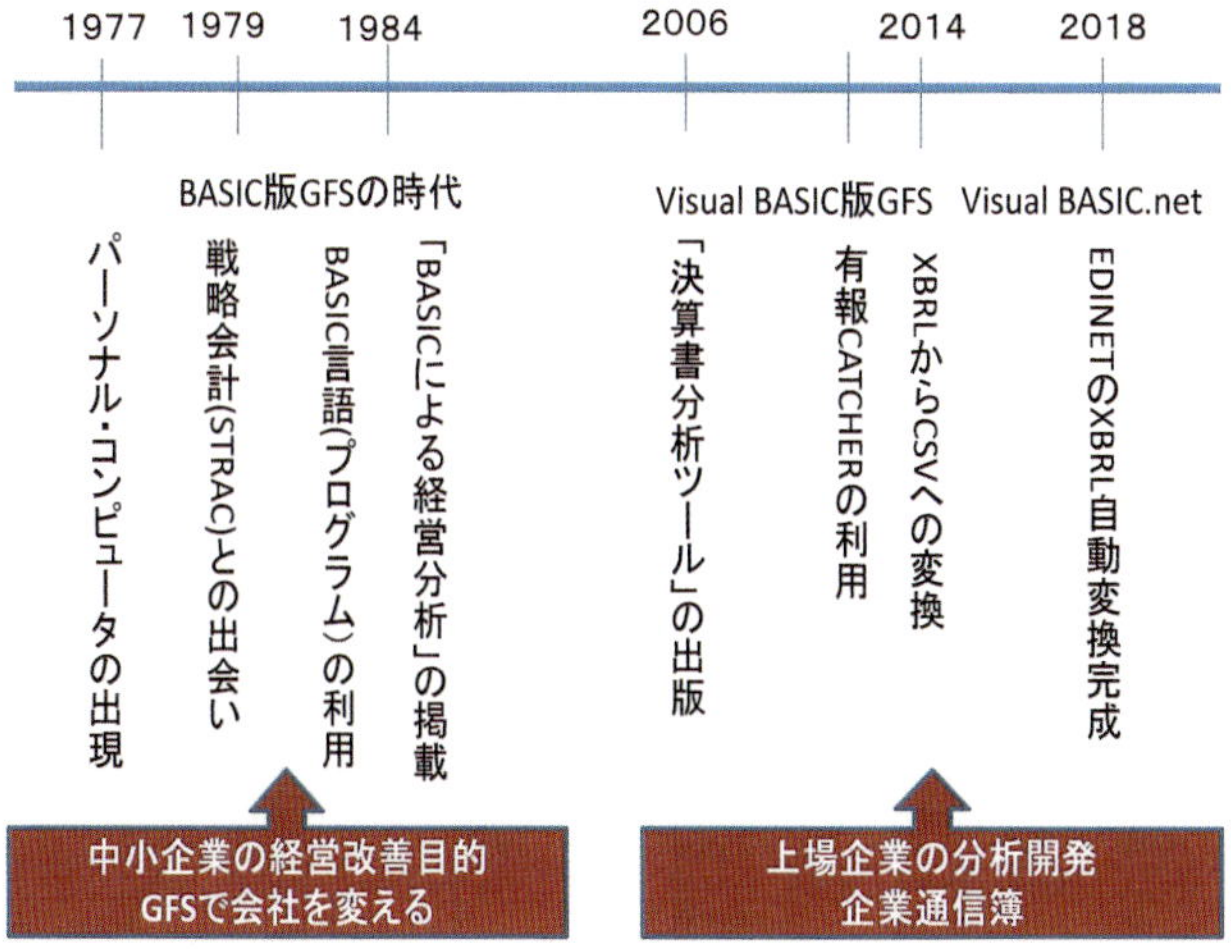

決算書を正方形の図形でイメージ化したものは、筆者は今から約 40 年前に今でも売れ続けている名著とも言える「人事屋が書いた経理の本」という書物の中で見つけました。この本は、2 つの点で画期的な考えを教えてくれました。1 つは、売上高を価格（P）と数量（Q）の積でとらえ、同じ売上高（PQ）でも P と Q の多くの組み合わせでいろいろな結果が展開できることを示しています。今ではマクドの商品戦略で誰でも知っているところですが、当時は新鮮でした。もう 1 つの注目すべき点は、損益分岐点の考え方でした。固定費を回収する利益（固定費＝利益）を獲得できる売上高が損益分岐点ですが、変動費と固定費の意味や重要性を知ることによって、売上高と費用との関係を理解できるわけです。売上高から変動費を控除した限界利益という概念は、戦略会計の基礎となっています。このように、本書で展開された会計は、その後の一連の「人事屋が書いた経理の本」シリーズ本で戦略会計（STRAC）として体系化されました。以上のように、STRAC は、図形による決算書を知る上で、売上高と費用を中心とする損益計算書のイメージを私に植え付けてくれたのです。是非、一読をお勧めします。

図形決算書の貸借対照表と全体のプログラム構成については、GMS から学びました。GMS（Graphic Management System）と呼ぶ決算書分析プログラムは、35 年前、揺籃期のパソコン雑誌に発表され、その後著書としてまとめられました（上山義尚著「BASIC による経営分析」）。決算書を図形でイメージして会社を理解するこのプログラムは、筆者にとって衝撃的でした。特に、貸借対照表の図形イメージはその後の筆者の開発の基礎となりました。プログラムは、BASIC と呼ぶ言語で書かれていましたので、その後の Windows 時代に適合させるための開発や改良も行いました。連結決算書時代の到来に合わせて、連結と個別の 2 つの決算書に対応できるように改良するとともに、キャッシュフロー計算書や経費分析、増減比較、指標比較などを加えて中小企業の経営改善目的の GFS が一応完成を見ました。

EDINET による電子開示が始まると、上場企業の決算書分析ツールの開発がスタートしました。XBRL ファイルの CSV ファイルへの変換が課題でしたが、『有報 CATCHER』を提供いただき、その後金融庁の CSV 変換ツールが提供され、やっと軌道に乗りました。最後の難関が特定企業のファイルへの到達でした。

1978年（昭53）

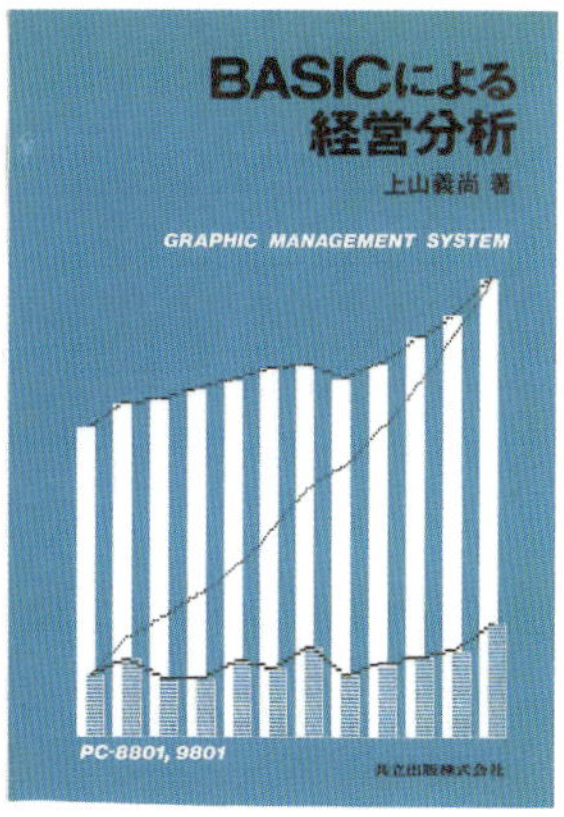

1984年（昭65）

事例編

決算書情報のアップデート化

1. 次年度への通過情報としての四半期分析

企業通信簿は、特定の事業年度（通期）を対象にした企業成果物です。次年度までの1年間の時間の経過の中で、企業の財務情報は変化していきます。3ヶ月毎に発表される四半期情報は次の1年への経過情報で最重要なものです。企業は3回の四半期末（第1四半期、第2四半期、第3四半期）からそれぞれ遅くても45日以内に四半期決算短信情報を発表するとともに、通常その後数日後にその情報をＥＤＩＮＥＴで電子開示されます。そこでＧＦＳではこの四半期決算のＥＤＩＮＥＴデータを基に分析できるようにしています。

四半期決算の特徴は次の本決算までの企業情報のアップデート化ですが、その中心は収益状況です。財務状況や資金状況は劇的変化することは少なく、収益状況の期間中の変化こそが最大の関心事です。左の図に示しましたのは、㈱ニトリホールディングスの平成31年2月期に至る四半期分析のＡ4プリント画面です。

各四半期の収益状況の推移を数値情報とともにグラフでその変化を直感できるようにしております。売上高はじめ各種の利益概念をボタンで選択して見ることができるようにしています。

貸借対照表やキャッシュフロー計算書も表示できますが、四半期では有益ではありません。

2. 通期決算書のアップデート化のための決算短信情報

上に述べた企業の四半期決算は、その発表からＥＤＩＮＥＴによる電子開示までは数日であるのに対して、通期決算は企業の決算発表（決算短信情報）からＥＤＩＮＥＴによる電子開示までは、通常1～2ヶ月遅れるのです。そのためＥＤＩＮＥＴによる電子情報を分析に利用するためには待つしかありません。そこでＥＤＩＮＥＴによる公開を待つことなく、企業の発表する決算短信の情報を基に分析する目的で「決算短信情報」というメニューを用意することにしました。操作編に示していますように、手入力となる点が難点ですが、それ以上の有効性があると確信しております。

企業が発表する決算短信には、もう1つ重要な点があります。それは実績とともに業績予想を併せて発表するのが通例であるということです。四半期ではその事業年度の最終の業績予想を、通期の決算時には翌事業年度の業績予想が発表されます。マスコミなどでは当期業績にはもう余り関心が無く、翌期の業績予想にこそ大きな関心があります。

決算短信入力で入力し、『分析実行』を行うと54頁のような経営指標推移のイメージと類似のグラフと数値の画面が表示されます。プリントもできます。また、コメントを入力しますとそのコメントがプリントされると同時にデータも保存されます。

四半期P／L分析

株式会社ニトリホールディングス

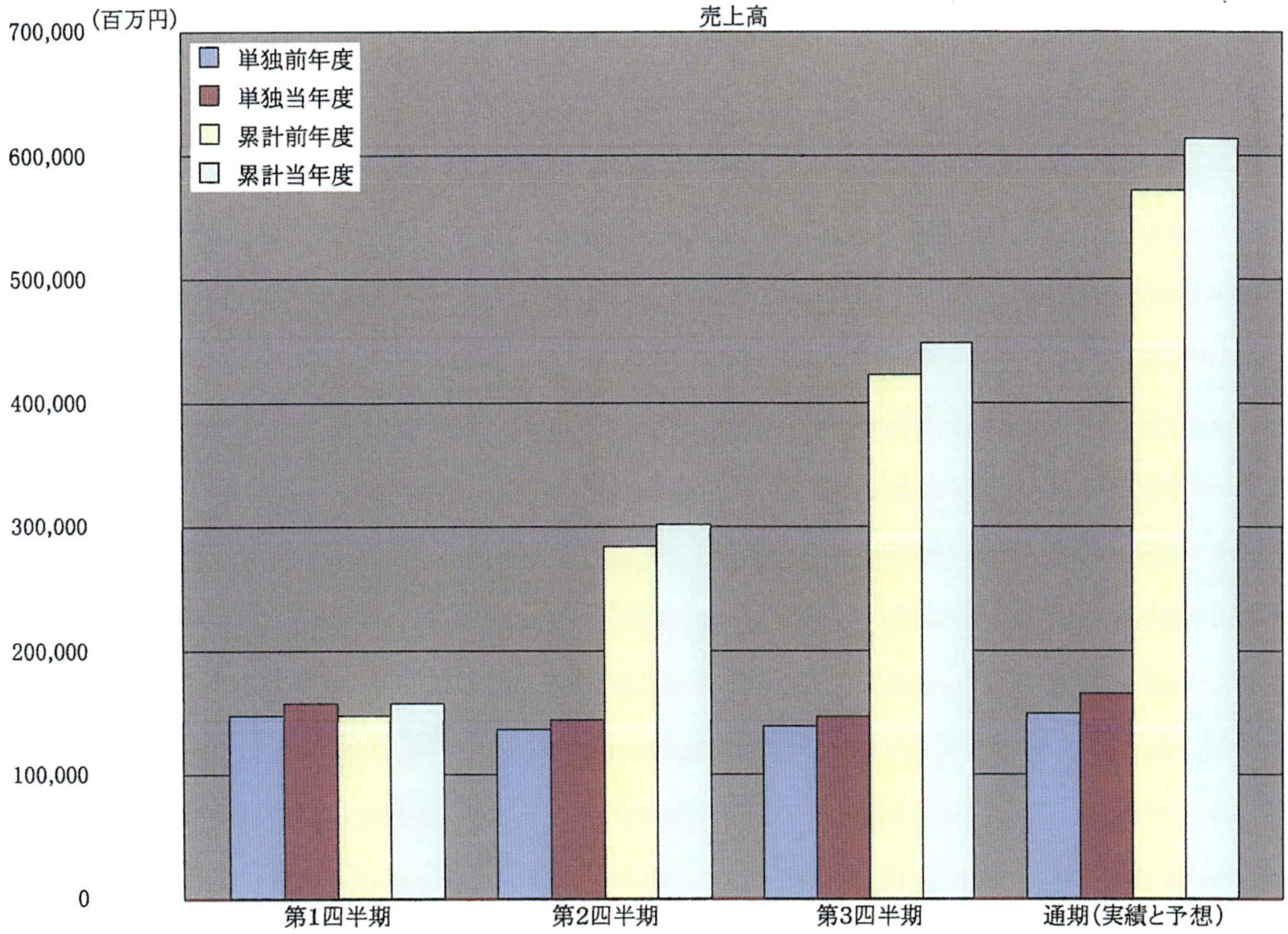

【経営成績】

期間　H30.2-H31.2　　単位　百万円

第１四半期	前年度	率	当年度	率	増減率
売上高	147,516		157,648		106.9%
営業利益	25,719	17.4%	30,426	19.3%	118.3%
経常利益	26,010	17.6%	30,678	19.5%	117.9%
税引前純利益	29,078	19.7%	30,531	19.4%	105.0%
当期純利益	19,081	12.9%	19,720	12.5%	103.3%

第２四半期	前年度	率	当年度	率	増減率
売上高	136,431		144,046		105.6%
営業利益	22,424	16.4%	25,464	17.7%	113.6%
経常利益	22,631	16.6%	26,082	18.1%	115.2%
税引前純利益	22,604	16.6%	26,083	18.1%	115.4%
当期純利益	15,952	11.7%	18,238	12.7%	114.3%

第３四半期	前年度	率	当年度	率	増減率
売上高	138,765		146,842		105.8%
営業利益	22,283	16.1%	22,143	15.1%	99.4%
経常利益	22,859	16.5%	22,895	15.6%	100.2%
税引前純利益	22,689	16.4%	20,873	14.2%	92.0%
当期純利益	16,212	11.7%	14,065	9.6%	86.8%

通期	前年度	率	当年度（予想）	率	増減率
売上高	572,060		614,000		107.3%
営業利益	93,379	16.3%	99,000	16.1%	106.0%
経常利益	94,861	16.6%	100,000	16.3%	105.4%
税引前純利益	92,784	16.2%	********	******	******
当期純利益	64,219	11.2%	68,000	11.1%	105.9%

決算短信情報

株式会社ニトリホールディングス | 31年2月 通期 | 企業形態 連結 | 業種 小売業

決算年月	単位	28年2月	29年2月	30年2月	決算短信	来期予想
1 売上高	(百万円)	458,140	512,958	572,060	608,131	643,000
2 経常利益	(百万円)	75,007	87,563	94,860	103,053	106,000
3 親会社帰属利益	(百万円)	46,969	59,999	64,219	68,180	71,500
4 純資産	(百万円)	330,968	394,778	441,668	500,192	********
5 総資産	(百万円)	414,541	487,814	550,507	619,286	********
6 1株当たり純資産額	(円)	2,981.27	3,530.51	3,938.89	4,452.99	********
7 1株当たり当期純利益	(円)	425.10	540.93	574.49	608.05	637.13
8 自己資本比率	(%)	79.5%	80.7%	80.1%	80.7%	********
9 自己資本利益率	(%)	14.7%	16.6%	15.4%	14.5%	********
10 営業活動キャッシュフロー	(百万円)	57,343	77,930	76,840	81,664	********
11 投資活動キャッシュフロー	(百万円)	▲35,899	▲42,047	▲82,751	▲30,424	********
12 財務活動キャッシュフロー	(百万円)	▲9,943	▲6,414	655	▲11,340	********
13 現金等価物期末残高	(百万円)	36,794	66,035	60,923	100,053	********
14 従業員数	(人)	9,699	10,169	10,366	********	********
15 平均株価	(円)	8,260	12,252	17,625	********	********
16 1株当たり年間配当金	(円)	65.00	82.00	92.00	97.00	108.00
17 配当性向	(%)	15.9%	19.8%	15.9%	********	17.0%

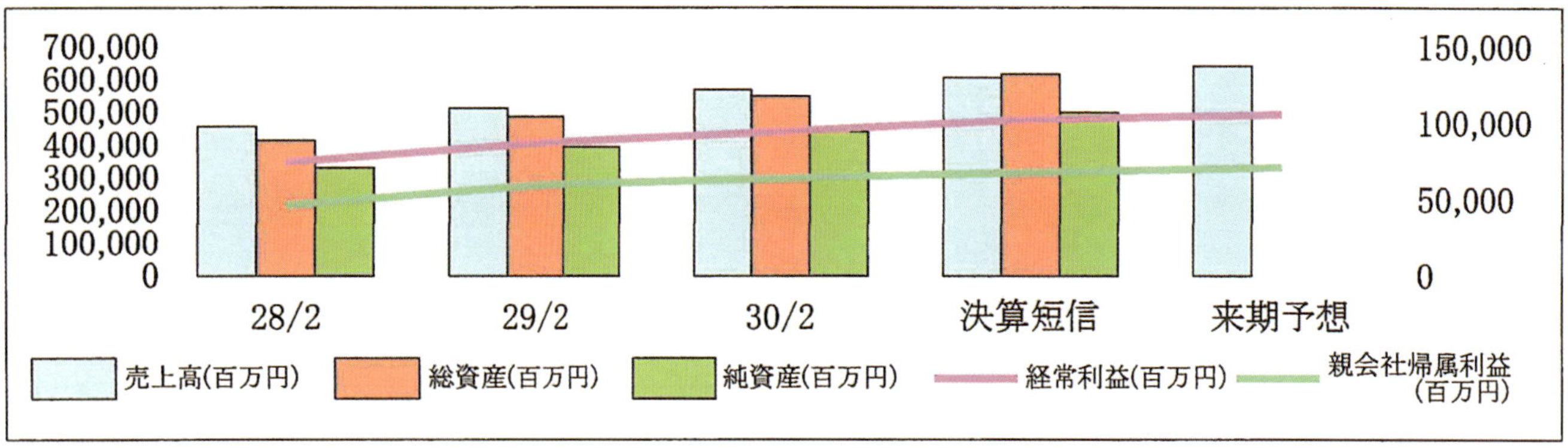

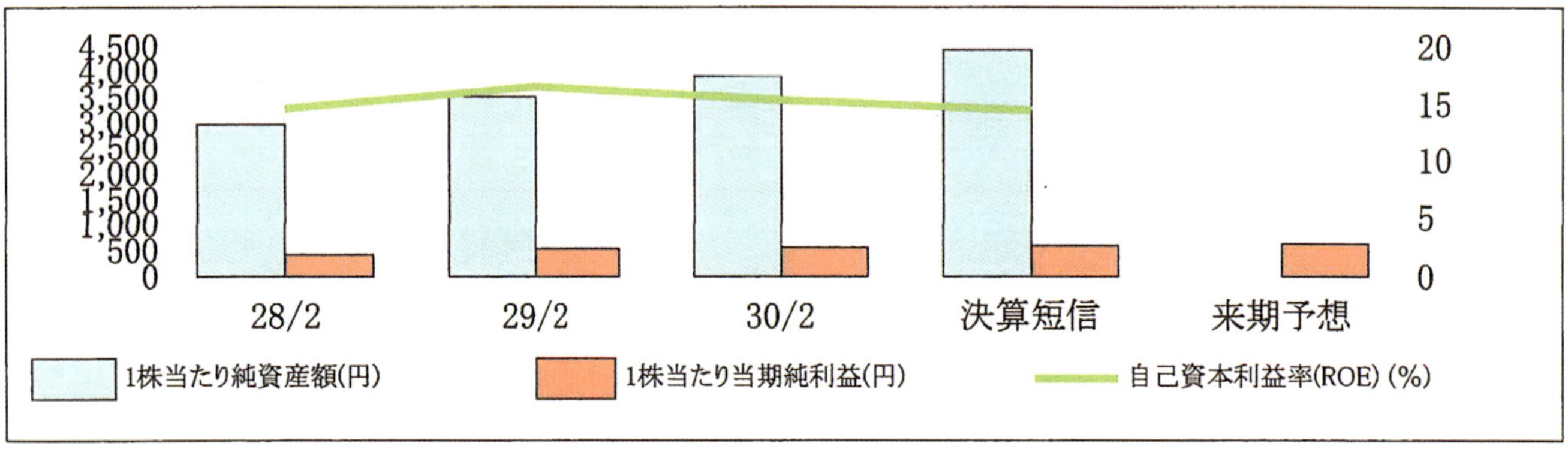

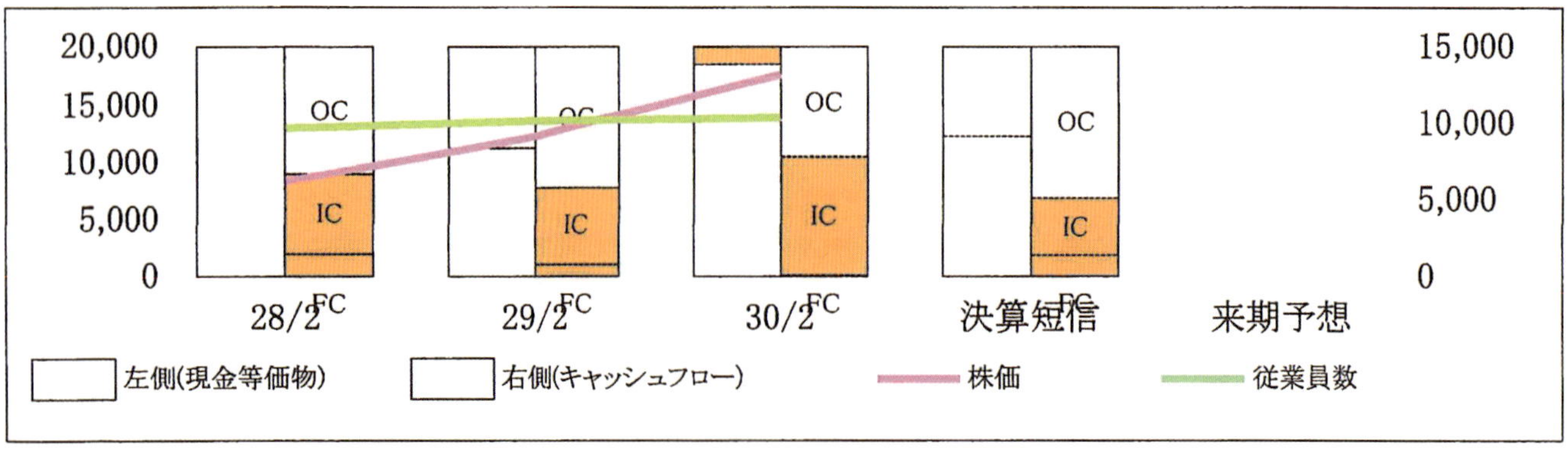

当期の業績は継続的な成長を持続する売上高と営業利益及び経常利益最終利益は、素晴らしい。

来期予想もこの傾向を持続できるか見守りたい。

事例編

比較分析で変化と違いを理解する

1. 増減比較で金額の変化を理解しよう

ここまで特定の事業年度を対象とした分析事例を説明してきましたが、企業の2事業年度間の比較や別の競争企業との比較など増減状況の変化を分析するためのメニューを「増減比較」と「指標比較」としてGFSは用意しています。増減比較は、金額の増減変化を指標比較は分析比率の変化を知ることができるように2つ用意しています。

次頁の図は㈱ジャパンディスプレイの2事業年度の変化を示した増減比較のA4プリント画面です。2事業年度を『基準ファイル』と『比較対象ファイル』と名付けていますが、前者は評価者が分析したいファイル、後者は分析対象と比較したいファイルとお考えください。

図の左側にはP/LとB/Sの図形イメージを示しています。上に当期（基準ファイル）、下に前期（比較対象ファイル）を並べています。決算書図形俯瞰で示したのと同じ図形イメージです。図の右側は、上にP/L、下にB/Sの決算書の基本的な勘定の金額を比較して差額増減を示すことにしています。

㈱ジャパンディスプレイは、事例編の経営指標推移で過去5年間の業績変化を示しましたが（44頁）、収益状況は基本的に厳しい状況が続いてきています。特に平成30年3月期は厳しい経営成績が見て取れます。収益状況の極端な悪化と自己資本の著しい減少がこの増減分析の図形や金額の変化から見てとれます。

2. 比率比較で企業の差を理解しよう

指標比較分析は図形イメージを表示するのは同じですが、増減比較が金額の増減を表示するのに対して、指標比較では増減%を表示することにしています。また、勘定毎の金額比較に加えて財務分析の諸比率、例えば総資本利益率、流動比率、回転期間、一人当たり売上高などの比較も表示しています。2つのファイルを比較することによって、現在の状況を比較対象とどのように変化しているか知ることができるのです。ぜひ、2つのファイルを比較して現状と変化を読み取っていただければと思います。

57頁に㈱セブン&アイホールディングスと㈱ローソンを指標比較したA4プリントイメージを示しています。両者の規模が大きく違うことから比率比較の分析の良さが見えないので残念ですが、図形を見ていただければP/Lの原価構成の違いやB/Sの自己資本の大きさの違いなどを感じていただければと思います。

増減比較や指標比較は、連結決算書を基に行うのが通例ですが、EDINETデータの変換は、連結決算書だけでなく個別決算書も保存されていますので、親会社の個別財務諸表を比較することも可能です。

増減分析

基準ファイル
株式会社ジャパンディスプレイ　連結
人数　5806人
期間　H30.4-H31.3　単位　百万円

基準 P/L

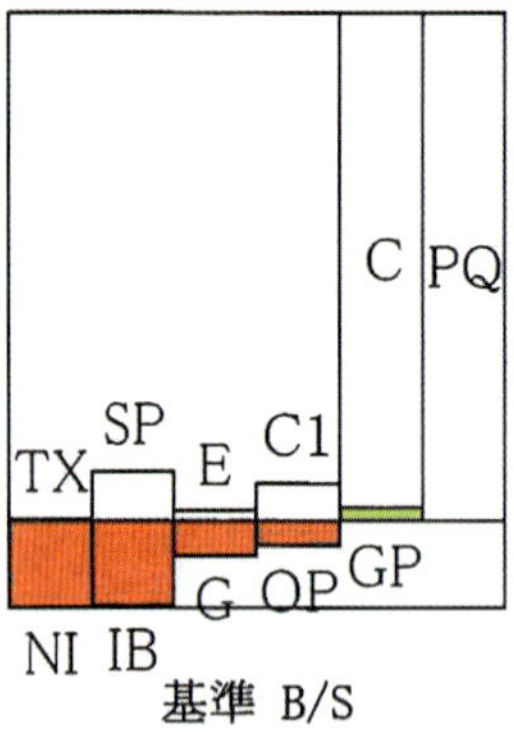

基準 B/S

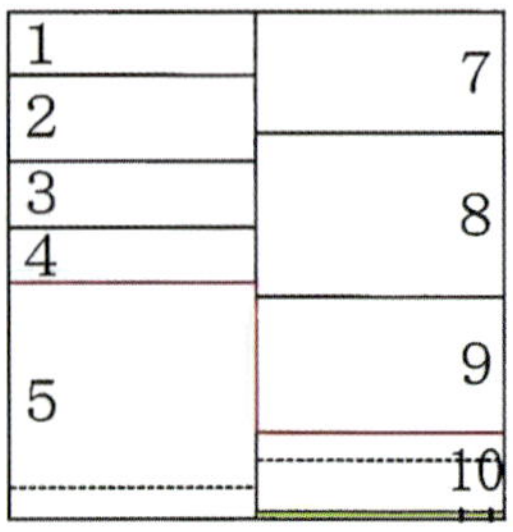

比較対象ファイル
株式会社ジャパンディスプレイ　連結
電気機器　人数　11542人
期間　H29.4-H30.3　単位　百万円

比較対象 P/L

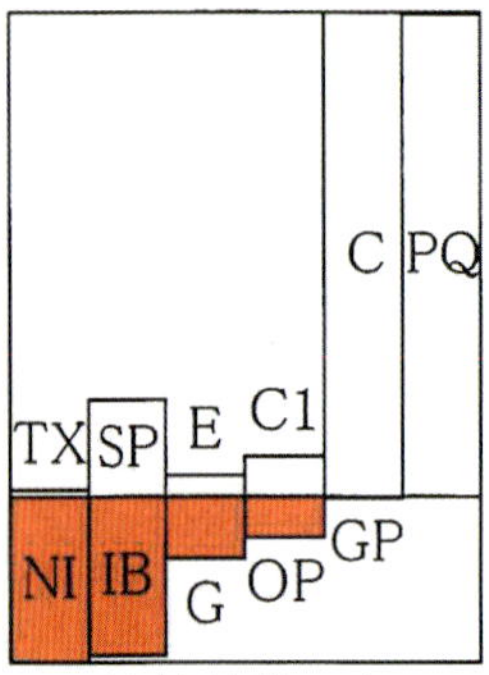

比較対象 B/S

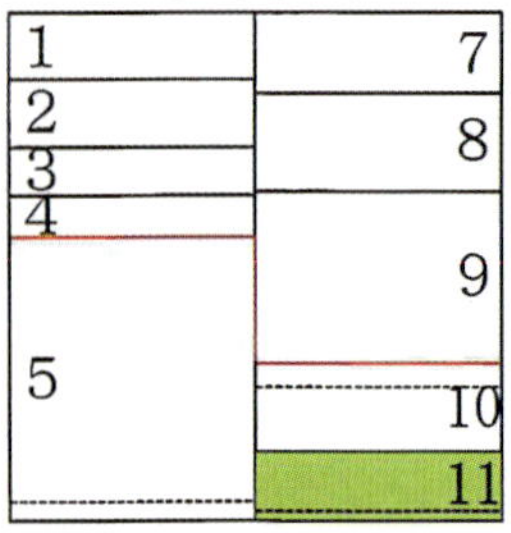

		基準データ	比較対象データ	増減差異
P/L	1 :売上高	636,661	717,522	▲80,861
	2 :売上原価	620,355	720,152	▲99,797
	3 :販管費	47,295	59,119	▲11,824
	4 :営業損益	▲30,989	▲61,749	30,760
	5 :営業外損(-)益	13,164	31,909	▲18,745
	6 :経常損(-)益	▲44,153	▲93,658	49,505
	7 :特別損益(-)	62,533	143,728	▲81,195
	内 特別損失	75,189	143,728	▲68,539
	8 :税引前損(-)益	▲106,686	▲237,386	130,700
	9 :法人税等	2,436	9,858	▲7,422
	内 税等調整額	▲218	7,124	▲7,342
	10:少数株主損益	1	1	0
	11:当期損(-)益	▲109,123	▲247,245	138,122

		基準データ	比較対象データ	増減差異
B/S	1 :現金資産	68,988	80,866	▲11,878
	2 :売上債権	92,225	82,863	9,362
	3 :棚卸資産	71,088	58,166	12,922
	4 :その他流動資産	58,579	49,140	9,439
	内 有価証券	********	0	********
	内 短期繰延税金	********	255	********
	5 :固定資産	254,496	343,656	▲89,160
	内 投資その他資産	33,107	22,873	10,234
	内 繰延税金資産	361	527	▲166
	6 :繰延資産	********	0	********
	総資産	545,376	614,691	▲69,315
	7 :短期借財	130,843	99,082	31,761
	8 :買入債務	175,592	117,830	57,762
	9 :その他流動負債	146,522	207,271	▲60,749
	内 短期繰延税金	********	0	********
	10:固定負債	85,396	108,462	▲23,066
	内 社債借入金	30,000	30,000	0
	内 長期繰延税金	********	0	********
	11:純資産	7,023	82,046	▲75,023
	内 資本金	114,362	96,863	17,499
	内 評価差額金	8,956	10,838	▲1,882
	割引裏書手形	********	0	********
	減価償却累計高	********	563,535	********

コメント	当期の損益状況は昨年度より改善されたように見えるが事実ではない。財務状況は最悪

指標対比分析

基準ファイル
株式会社セブン&アイ・ホールディングス　連結
人数　86463人
期間　H30.3-H31.2　単位　百万円

基準 P/L

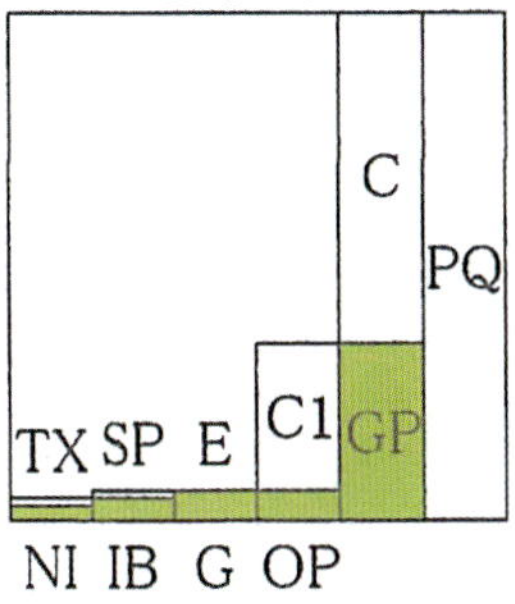

基準 B/S

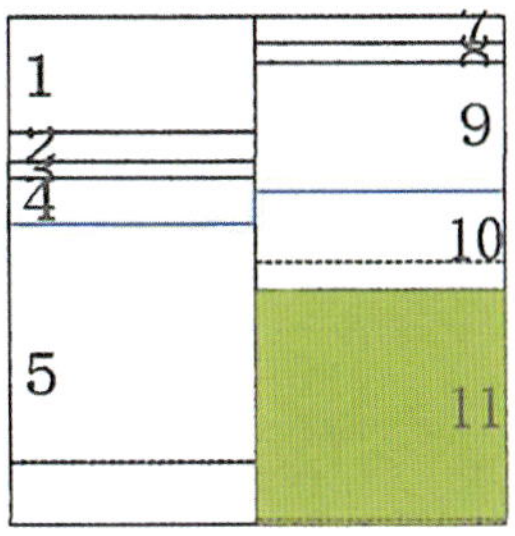

比較対象ファイル
株式会社ローソン　連結
小売業　人数　11675人
期間　H30.3-H31.2　単位　百万円

比較対象 P/L

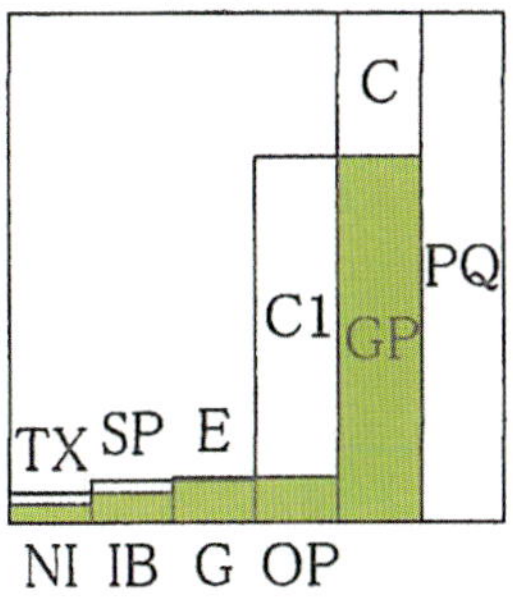

比較対象 B/S

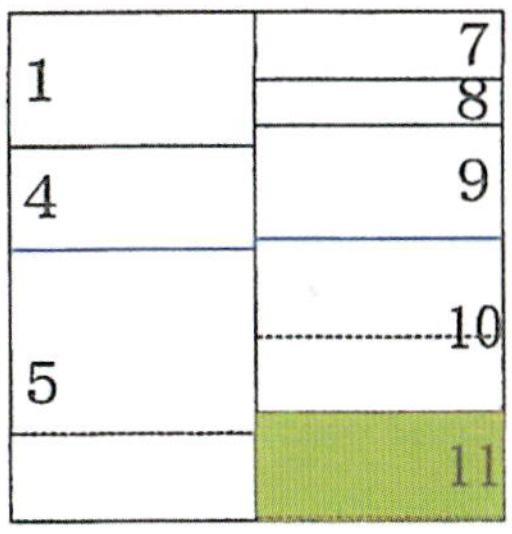

		基準データ	比較対象データ	対比(%)
P/L	1 :売上高	6,791,215	700,647	969.3%
	2 :売上原価	4,411,816	198,040	2,227.7%
	3 :販管費	1,967,802	441,825	445.4%
	4 :営業損益	411,597	60,782	677.2%
	5 :経常損(-)益	406,524	57,700	704.5%
	6 :税引前損(-)益	317,412	39,877	796.0%
	7 :当期損(-)益	213,060	25,562	833.5%
B/S	流動資産	2,353,042	623,998	377.1%
	1 :現金資産	1,314,564	354,240	371.1%
	2 :売上債権	336,070	0	******
	3 :棚卸資産	181,019	********	******
	4 :その他流動資産	521,389	269,758	193.3%
	5 :固定資産	3,442,159	718,491	479.1%
	内 投資その他資産	715,040	229,519	311.5%
	6 :繰延資産	101	********	******
	総資産	5,795,302	1,342,489	431.7%
	流動負債	1,992,795	1,992,795	333.0%
	7 :短期借財	299,848	176,600	169.8%
	8 :買入債務	231,999	123,408	188.0%
	9 :その他流動負債	1,460,948	298,514	489.4%
	10:固定負債	1,130,020	461,985	244.6%
	11:純資産	2,672,486	281,982	947.8%
	内 資本金	50,000	58,506	85.5%
諸比率	売上高人件費率	0.0%	0.0%	******
	売上高減価償却比率	0.0%	0.0%	******
	一人当り売上高	79	60	130.9%
	一人当り経常利益	5	5	95.1%
	一人当り人件費	0	0	******
	総資本経常利益率	7.0%	4.3%	61.3%
	総資本当期利益率	3.7%	1.9%	51.8%
	流動比率	118.1%	104.3%	113.3%
	固定長期適合率	90.5%	96.6%	93.7%
	売上債権回転期間	0.59月	0.00月	******
	棚卸資産回転期間	0.49月	0.00月	******
	買入債務回転期間	0.63月	7.48月	8.4%
	総資本回転期間	10.24月	55.82月	18.3%

コメント	

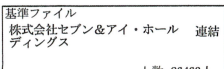

EDINETの概要について

有価証券報告書の全体構成

- 表紙
- 本文
- 第一部 企業情報
- 第二部 提出会社の保証会社等の情報
- 監査報告書

[第一部　企業情報]の内容

- 第1　企業の概況
- 第2　事業の状況
- 第3　設備の状況
- 第4　提出会社の状況
- 第5　経理の状況
- 第6　提出会社の株式事務の概要
- 第7　提出会社の参考情報

1. EDINETの全体構成

これまで述べてきましたGFSの各種の図形分析の操作方法を説明するのが、本編の目的です。

操作方法の前に、EDINET(Electronic Disclosure for Investors' NETwork)で公開されている有価証券報告書の文書(PDF)の全体構成や要点などを理解いただくのが良いと思いますので、見てみましょう。

まず上の図の左側部分は、有価証券報告書の全体構成です。「表紙」、「本文」、「第一部 企業情報」、「第二部 提出会社の保証会社等の情報」、「監査報告書」と5つが列挙されていますが、表紙はまさに表紙一枚だけで、本文はここからで表紙は本文との区切りにしかすぎませんので、実質的には第一部企業情報と監査報告書だけが内容と考えて差し支えありません。第二部は、どの会社も何も記載されていないのが普通です。また、監査報告書は決算書等に対する会計監査人の意見書ですので粉飾など特別の問題企業については重要ですが、通常は問題企業ではないので確認のためちらっと目を通すだけで十分です。

この全体構成は、EDINETにアクセスし、どこかの企業の有価証券報告書のPDFファイルを「インターネット・エクスプローラー」で見ていただくと『しおり』形(目次別の表示)で見ることができます。

2. 第一部の内容とは

EDINETの実質的な内容は、第一部の内容そのものであると言いましたが、それでは第一部の内容と言えば、前頁の図のように第1から第7と成っています。これも「第1 企業の概況」から「第5 経理の状況」までが内容のすべてと言えます。第6と第7は、ほとんど具体的な記載がないからです。左の図の左側部分をご覧ください。第1の最初の内容は、『1 主要な経営指標の推移』です。

[第1企業の概況]の内容

1 主要な経営指標の推移

2 沿革

3 事業の内容

4 関係会社の状況

5 従業員の状況

[第2事業の状況]の内容

1 経営方針、経営環境及び対処すべき課題等

2 事業等のリスク

3 経営者による財政状態、経営成績及びキャッシュフローの状況の分析

4 経営上の重要な契約等

5 研究開発活動

本書でも〈事例編〉(41頁)にこの情報の具体例を示しています。この情報は重要です。本書でもこのデータを使ってGFSメニューの「経営指標推移」として積極的に利用しています。

『2 沿革』は、企業の創業から現在に至る企業の動きを、年を追って記載していますので経営者の判断がよく理解できます。

『3 事業の内容』と『4 関係会社の状況』は、具体的な事業の種類とセグメント、これを担う関係会社名と規模(資本金)や議決権の所有割合等が説明されています。

『5 従業員の状況』は、連結グループと提出会社の従業員数、平均勤続年数、平均給与等を数値情報として提供しています。正規の他非正規の従業員数を知ることもできます。

次の「第2 事業の状況」の内容も重要です。『1 経営方針、経営環境及び対処すべき課題等』は、最近のガバナンス環境の厳しさを受けて、経営者の姿勢が示される部分です。経営者が投資家等に対してどこまで真摯に向き合っているかは、この内容を熟読することでよく解ります。本気度を知る良い部分となります。

経営方針は一般にミッションと呼ばれ、企業目的への最高のゴールであり、使命です。経営戦略は、経営方針達成のための具体的方策です。国内、海外別や事業別、製品別などに記述されるのが通例です。達成目標を判断する指標として営業利益率やROEが示されていることも多いです。経営環境は我が国及び世界経済を見据え、業界の状況が記述されています。このように方針、方策、目標が記述された上で、改めて企業の対処すべき課題が列挙されます。それぞれ重なるところもあるのですが、総括としての課題が理解できます。

『2 事業等のリスク』は、上述の経営方針、経営環境、経営課題を達成する際に克服すべきリスクを説明する部分です。一般的な経営上のリスクに加えて、経営者や従業員に関わる人的リスク、財務に関する資金や会計処理上のリスクなど多く記述されています。

『3 経営者による財政状態、経営成績及びキャッシュフローの状況の分析』は、決算情報のこの企業経営者による決算書説明とも言えるもので、少し自虐的になりますが、GFSで分析しなくても企業の決算状況が解るとも言えます。筆者も関心の高いものですが、この記述を読むことなく、決算書を瞬時に理解できるのがGFSですと言えば言い過ぎでしょうか。

『4 経営上の重要な契約等』は、新たな重要な契約が締結された時に記述されます。

『5 研究開発活動』は主として製造業の研究開発方針が記述されます。

続く「第3 設備の状況」は、連結グループの設備に関する投資方針や主要設備及び当事業年度中の重要な新設と除却等の状況が詳細に示されています。

［第3 設備の状況］の内容

1 設備投資等の概要
2 主要な設備の状況
3 設備の新設、除却等の計画

［第4 提出会社の状況］の内容

1 株式等の状況
2 自己株式の取得等の状況
3 配当政策
4 株価の推移
5 役員の状況
6 コーポレート・ガバナンスの状況

［第5 経理の状況］の内容

1 連結財務諸表
（1）連結財務諸表
（2）その他

2 財務諸表等
（1）財務諸表
（2）主な資産及び負債の内容
（3）その他

［連結財務諸表］の詳細内容

① 連結貸借対照表
② 連結損益計算書及び連結包括利益計算書
③ 連結株主資本等変動計算書
④ 連結キャッシュフロー計算書
⑤ 連結附属明細書

［財務諸表］の詳細内容

① 貸借対照表
② 損益計算書
③ 株主資本等変動計算書
④ 附属明細書

「第4 提出会社の状況」は、連結グループでなくいわゆる親会社と言われているグループ統括会社の状況を公開しているものです。

投資家はこの統括会社の株式、配当、株価、役員、コーポレート・ガバナンスなどに直接関わりを持っています。株価は事実上グループの評価が現れるものですが、投資家は統括会社の株式を購入することでこれを享受しています。自己株式の取得等の状況が1項目にありますが、会社法が変わってから以前は自由に所有できなかった自己株式の取得が自由になりました。配当や株価にも影響して、1株当たり利益やROAを通じて会社の重要な財務政策になっています。

「第5 経理の状況」は、決算書を公開している部分です。上場企業の決算書は通常は連結グループの決算書ですが、提出会社（統括会社）単独企業の決算書をも公開することを義務づけています。前者を連結財務諸表、後者を財務諸表と呼んで区別しています。ここで公開している決算書は、前事業年度との比較形式になっています。会計に強い方は2期間の決算書を見ると即座に勘定科目毎の増減に目が行きます。異常な変動に気づけば決算書分析に相当のレベルで通暁している方です。

3. 数値情報と定性情報

EDINETで公開される有価証券報告書は自由に見ることができる企業情報の宝庫であることは理解できたかと思います。全体の中でボリューム的には経理の状況（決算書）部分が中心になるのですが、文章表現のいわゆる『定性情報』の範囲とその内容の多彩なことは企業を理解するのにこれに勝るものはありません。是非、必要に応じてこれを参照いただければと思います。

EDINETは、ここまで説明してきました内容を含んでいるのですが、連結財務諸表や財務諸表等の決算書部分は、目で見るだけではなかなか即座に理解することができません。会計の専門家や通暁している方以外の普通の投資家にも決算書を理解いただきたいと開発したのが本書で紹介しているGFSによる決算書分析ツールです。幸いなことにEDINETには決算書部分にだけはXBRLという財務情報用の言語が用意されていて、この言語によるデータが提供されていますので、これを利用して図形決算書分析を開発しました。すべての決算書情報がXBRLで提供されているわけではありません。決算書本体の数値情報は基本的にXBRLとして提供されていますが、注記情報は基本的にEDINETを直接見る必要があります。連結附属明細書や附属明細書（個別）の情報はXBRLでは提供されていませんが、この情報の決算書の中での重要性は比較的に低いため当然かと思っております。

操作編

分析のための準備をしよう

1. GFSをインストールしよう

決算書分析ツールのGFSは、ネットからパソコンにインストールすることで可能となります。ネットのサイトは、「戸奈公認会計士事務所」です。このホームページのイメージは上の図に示したとおりです。ホームページには「GFSとは」というタブがありますのでこれをたどりますと、『GFSダウンロード』がありますので、ここからインストールをお願いします。インストールには登録番号が必要です。登録番号は『GFS2019』としてください。

インストールのタブをクリックした時に「実行」と「保存」のメッセージが出るかも知れません。まず保存してから実行してください。プログラムは、インストールすると自動的に『GFS』というディレクトリを作り、このディレクトリにプログラムが格納されるようにしてあります。

2. ショートカットを作成する

インストールしたGFSを起動させます。繰り返し使用するためにはパソコン上にGFSのショートカットを作成しておくことをお勧めします。ショートカットは、マウスでGFSのプログラムの実行ファイル（拡張子に.exeが付いている）を押しながら、マウスの右クリックで『ショートカットを作成』を選んで押すとデスクトップ上にGFSのショートカットができます。

GFSのショートカットは次のようなものです。

操作編

通期データの取得と変換

1. GFSメニューの構成について

GFSを起動しますとGFSのメニューが表示されます。メニューは「EDINET特化」と「手入力」という2つの選択タブがあります。「EDINET特化」は、EDINETのデータを取り込んで上場企業等の決算書を分析するためのメニューです。「手入力」メニューは、中小企業の経営改善に利用する目的で開発したものです。企業の決算書データを手入力して分析するためのメニュー構成になっております。以前に私の著書の『図形で読む！超かんたん決算書分析ツール』で解説しましたので、関心をお持ちの方は私の事務所のホームページをご覧ください。

本書では、「EDINET特化メニュー」の方を使います。

まずEDINET特化メニューの最上部に、『EDINETデータ取得とデータ変換』のタブがあります。これが分析のスタートです。EDINETデータを取り出し、これを分析可能な形に変換することが必要だからです。変換されたデータを分析に利用するのですが、この機会に、GFSメニューの構成を説明しておきましょう。

分析が**通期分析か、四半期分析か**のいずれかがまず重要です。多くは通期分析だと思います。GFSメニューも右側の3つの四半期分析を除き通期分析メニューとなっています。

企業通信簿という大きなタブが目立ちますが、これは企業通信簿が通期分析の終着点であることを示しています。最下段の『ツール』の3つについては、後で説明しております。

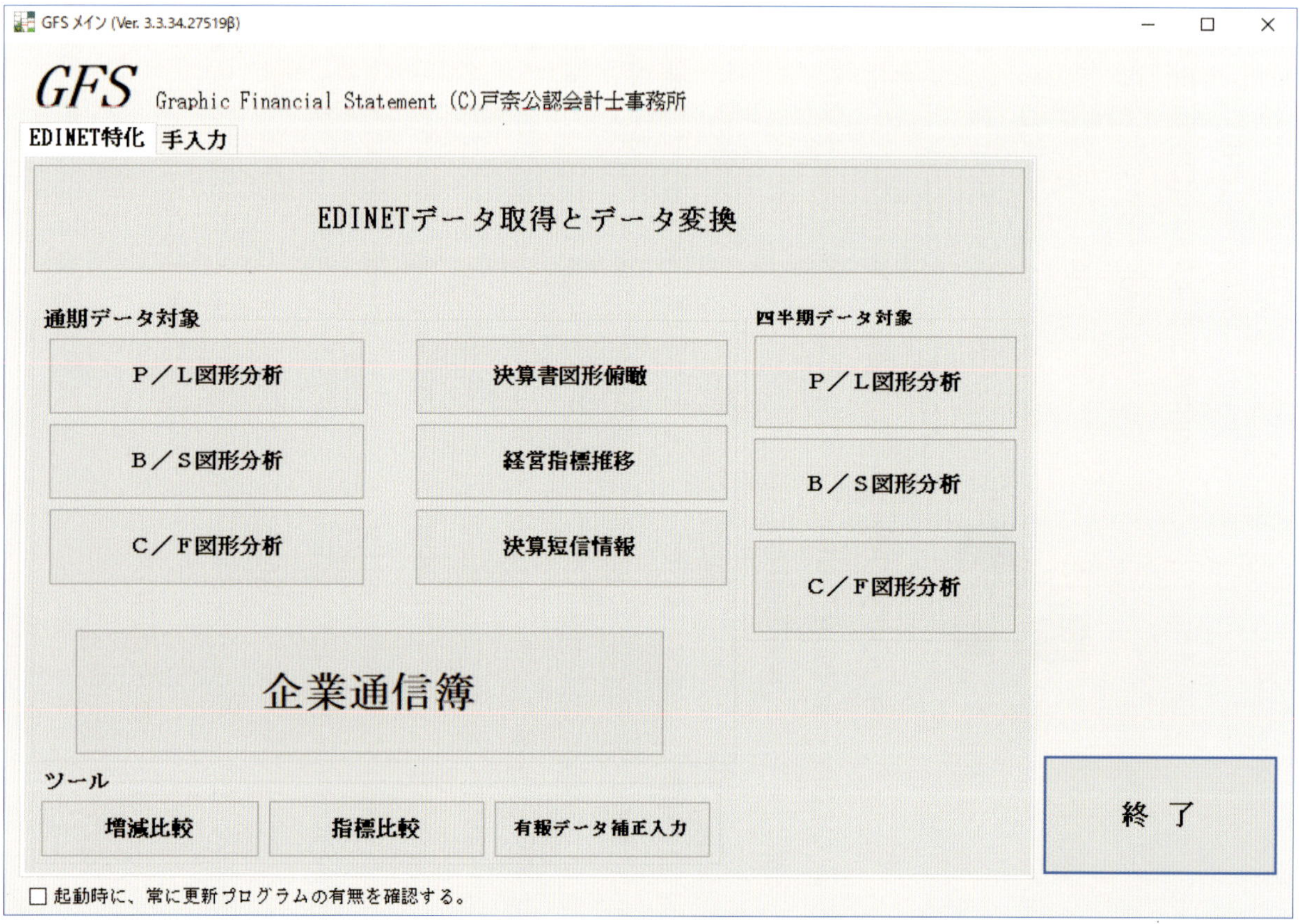

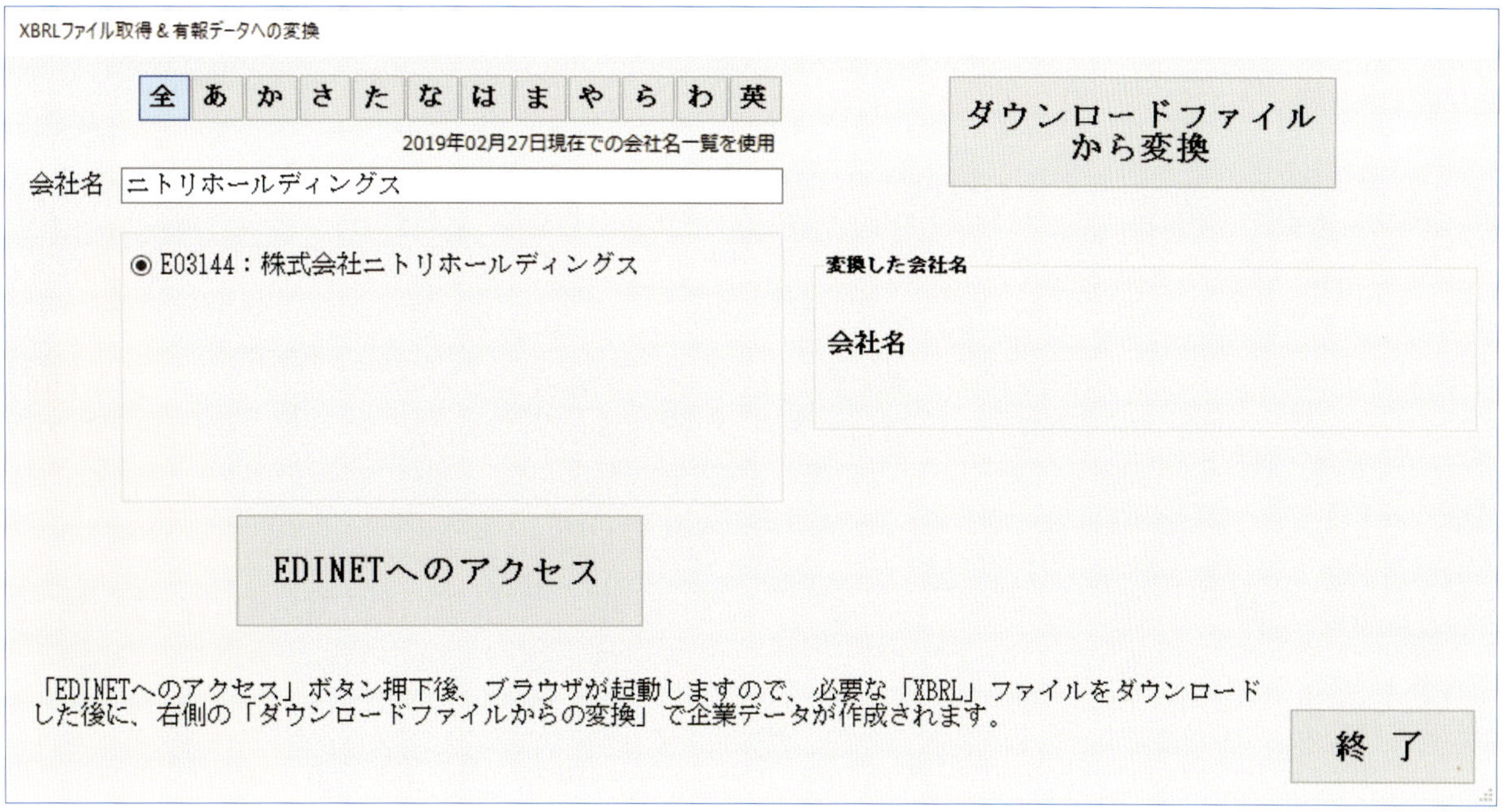

2. 企業名を入力しEDINETにアクセスする

『EDINETデータ取得とデータ変換』をクリックしますと、メニューが企業選択画面となります。『会社名』のところに分析したい企業名を入力するのですが、選択しやすいようにあらかじめ企業の辞書が入っていますので、カタカナで入力しますと、候補となる企業リストが表示されるはずですので、この中から企業を選択します。選んでからパソコンのリターンキーを押しますと、選んだ企業名とEDINETコード番号が下に表示され、『EDINETへのアクセス』タブが選択できるようになります。上の図に企業名を「ニトリホールディングス」とした時のものを表示しています。これで良ければこのタブをクリックします。EDINETのサイトに導かれ、自動的に選んだ企業のEDINETデータが表示されるようになっています。このクリックからEDINET画面表示まで少し時間がかかります。お待ちください。検索でご注意いただきたいのは次の点です。

①企業が表示されるがGFSで対応していない業種があります。銀行や証券業など金融業は、決算書の様式が特殊なため、本書のGFSの分析対象としていません。

②あらかじめビルトインされている企業辞書に無い場合は現れません。例えば新規上場企業は、検索しても現れないかも知れません。辞書の見直しを適宜行う予定でおります。

③検索されて選択できるが、完全な分析はできない場合があります。現在のところ、米国基準やIFRS基準の企業は有価証券報告書は公開されていますが、連結決算書についてのEDINET電子情報が開示されていないため、対象外となります。個別決算書のみの分析は可能です。現在、IFRS基準企業の分析ツール開発も進めております。

3. EDINET画面から分析のためのデータを選ぶ

表示される候補は複数が表示されるため、①いつの決算期なのか、②左右に並んだ3つのファイルの種類の枠はどれを選ぶのかが問題となります。

下の図は企業名がニトリホールディングスの場合の示される画面のイメージです。そしてこの企業の最新のEDINETデータがその下に表示されます。

前者の①は、通期の決算書か、四半期報告書なのかを間違わずに選んでください。複数のデータが縦に並んでいます。四半期報告書、訂正有価証券報告書、確認書、有価証券報告書などです。このうち、訂正有価証券報告書や確認書は通常関係ないので無視していただいて結構だと思います。訂正内容や確認書は、その内容をPDFで見ることができます。

決算書の分析は、通期分析は有価証券報告書、四半期分析は四半期報告書を選びます。四半期報告書は、1年に第1四半期、第2四半期、第3四半期の3つありますので、どれを選ぶのか間違えないようにお願いいたします。

4. 並んだ3つの枠からXBRLデータを選ぼう

後者の②は、3つの枠にPDF形式データ、XBRL形式データ、「比較」がありますが、このうち「比較」は提出者（企業）の異なる書類や同じ年度の提出者と異なる企業の書類との比較など検索しようとする機能で決算書分析とは直接関係ありません。また、PDFはご存じの方も多いと思いますが、選んだ有価証券報告書等のPDF形式ファイルで企業の提出した生の有価証券報告書のすべてを画面で1ページずつ見ることが出来ますので、閲覧者にとっては最高に有益です。

残る1つの枠のファイルがXBRL形式データですが、これが財務報告用に開発されたプログラム言語で書かれたデータです。GFSはこのXBRLをCSV変換して決算書分析に利用することが本書の原点です。そこでこのXBRL形式を選択するわけです。選んだXBRLファイルは、圧縮形式のファイルで保存されます。

5. ダウンロードファイルを変換する

次は保存された圧縮データを解凍して決算書分析に利用するためのCSVデータに変換する必要があります。62頁のGFSのメニューを再びご覧ください。右上に『ダウンロードファイルから変換』のタブがあります。このタブをクリックして、保存してある圧縮ファイルから変換したいファイルを選びます。日付などから今回保存された圧縮ファイルを間違わないで選んでください。

GFSを今も継続して開発してくれている友人の技術者によれば、ダウンロードしたXBRLファイ

検索結果

4件中（1～4件表示）　XBRL一括ダウンロード

提出日時	提出書類	コード	提出者／ファンド	発行／対象／子会社／臨報提出事由	PDF	XBRL	比較	備考
H30.10.02 14:12	四半期報告書－第47期第2四半期(平成30年5月21日－平成30年8月20日)	E03144	株式会社ニトリホールディングス		PDF	XBRL	COMPARE	
H30.07.03 10:12	四半期報告書－第47期第1四半期(平成30年2月21日－平成30年5月20日)	E03144	株式会社ニトリホールディングス		PDF	XBRL	COMPARE	
H30.06.01 15:31	訂正有価証券報告書－第46期(平成29年2月21日－平成30年2月20日)	E03144	株式会社ニトリホールディングス		PDF	XBRL	COMPARE	
H30.06.01 15:36	└ 確認書	E03144	株式会社ニトリホールディングス		PDF			
H30.05.18 16:11	有価証券報告書－第46期(平成29年2月21日－平成30年2月20日)	E03144	株式会社ニトリホールディングス		PDF	XBRL	COMPARE	
H30.06.01 15:31	└ 訂正有価証券報告書－第46期(平成29年2月21日－平成30年2月20日)	E03144	株式会社ニトリホールディングス		PDF	XBRL	COMPARE	
H30.06.01 15:36	└ 確認書	E03144	株式会社ニトリホールディングス		PDF			

4件中（1～4件表示）

ルがパソコンのどのディレクトリに圧縮形式で保存されるかが同じでないため、圧縮ファイルを1回で自動変換できず、圧縮したファイルを分析用のファイルに変換するもう1段階のための『ダウンロードファイルから変換』というメニューがどうしても必要になったとのことです。ご自分のパソコンのどのディレクトリに圧縮ファイルが保存されるのかご確認ください。通常はパソコンの「ダウンロード」のディレクトリに圧縮ファイルは保存されていることが多いので、このディレクトリから分析したいファイルを選択してください。XBRLデータがCSV形式のデータに変換され、「CSV」のディレクトリに保存されるとともに、GFS分析用のデータファイルは「Gファイル」のディレクトリに格納されます。

6. GFS分析ファイルと保存場所について

下の図は、GFSメニューとその分析をするためのデータがパソコンのどのディレクトリに保存されているのか、そして保存されているデータの名称と拡張子を示しています。

是非、記憶いただきたいのはデータの拡張子（データの種類を示す記号）がCSVとgの2種類があるということです。CSVは通常テキストデータと呼ばれXBRLデータから変換されて保存されているものです。gファイルはCSVファイルからGFS図形分析用に開発作成したファイルです。

実はgファイルにもg1、g2、gcなどの枝番のついた識別用ファイルがあるのですが、技術的すぎますので詳細は省略させていただきます。

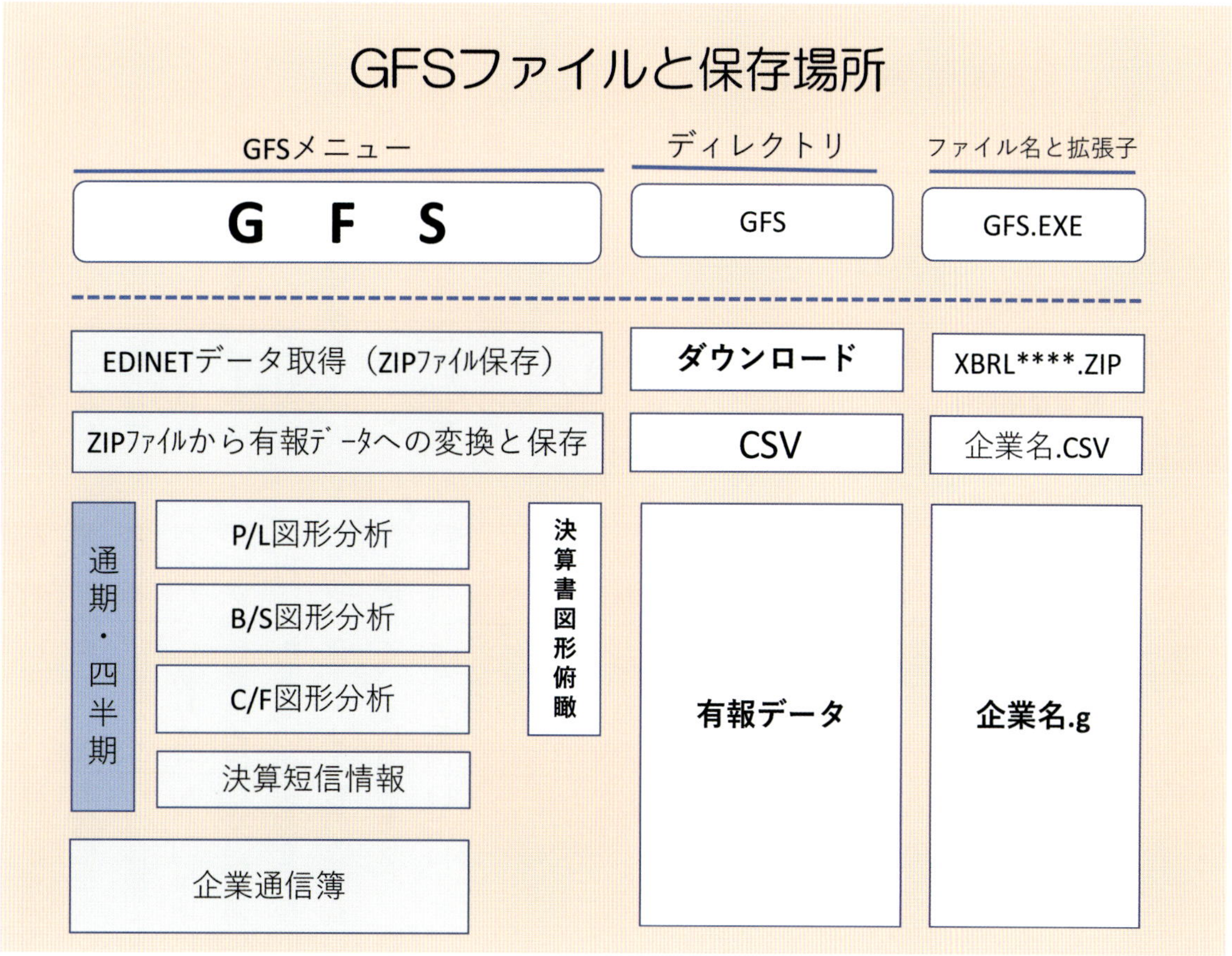

操作編

通期分析の操作を行う

1. 企業通信簿の全体像を理解する

既に冒頭のプロローグの中で、本書では企業通信簿へのアプローチを個別財務3表の分析を行ってから決算書図形俯瞰を行う方法を採ると述べました。決算書図形俯瞰は本書の目指す図形による決算書理解だけでなく、決算書分析の王道である収益性分析（損益計算書）、健全性分析（貸借対照表）、資金性分析（キャッシュフロー計算書）のための基本的数値情報をも提供していますので、これらの分析の理解も得られます。しかし、財務分析手法を構成するもう1つの成長性分析は、決算書図形俯瞰では明らかにできません。そこで次に、「経営指標推移」分析を行うことで企業の経営指標のトレンドをグラフと図形からイメージ的に把握するとともに、トレンドを構成する数値情報が企業通信簿の成長性評価を可能とするようにしています。

企業通信簿は、上記の決算書図形俯瞰と経営指標推移の情報を適宜取り出して、数値、グラフなどを集約するとともに、文章で解りやすく表現した成果物です。分析には評価者が独自のコメントを入れることができるように設計してありますので、このコメントを企業通信簿に集約して表示するようにしております。

以上のような分析の流れは企業通信簿の全体像として既にプロローグでも示しましたが、重要な点でもありますのでここに再度掲げています。

この図から解るように、企業通信簿は決算書図形俯瞰と経営指標推移から要約されますので、個別財務3表の分析を省略して直接企業通信簿を見る、あるいは分析したい企業のファイルが既に保存されていれば、分析の最初から企業通信簿を見ることもメニューでは可能であることを付言しておきます。あくまで例外的とお考えください。

企業通信簿の全体像には四半期分析と決算短信情報が細い矢印で結ばれています。一見、企業通信簿に四半期分析や決算短信情報が含まれているかのような印象ですがそうではありません。四半期分析や決算短信情報は企業通信簿に集約された通期の成果物を事後的にアップデートするものであることを示しているに過ぎません。誤解の無いようお願いいたします。

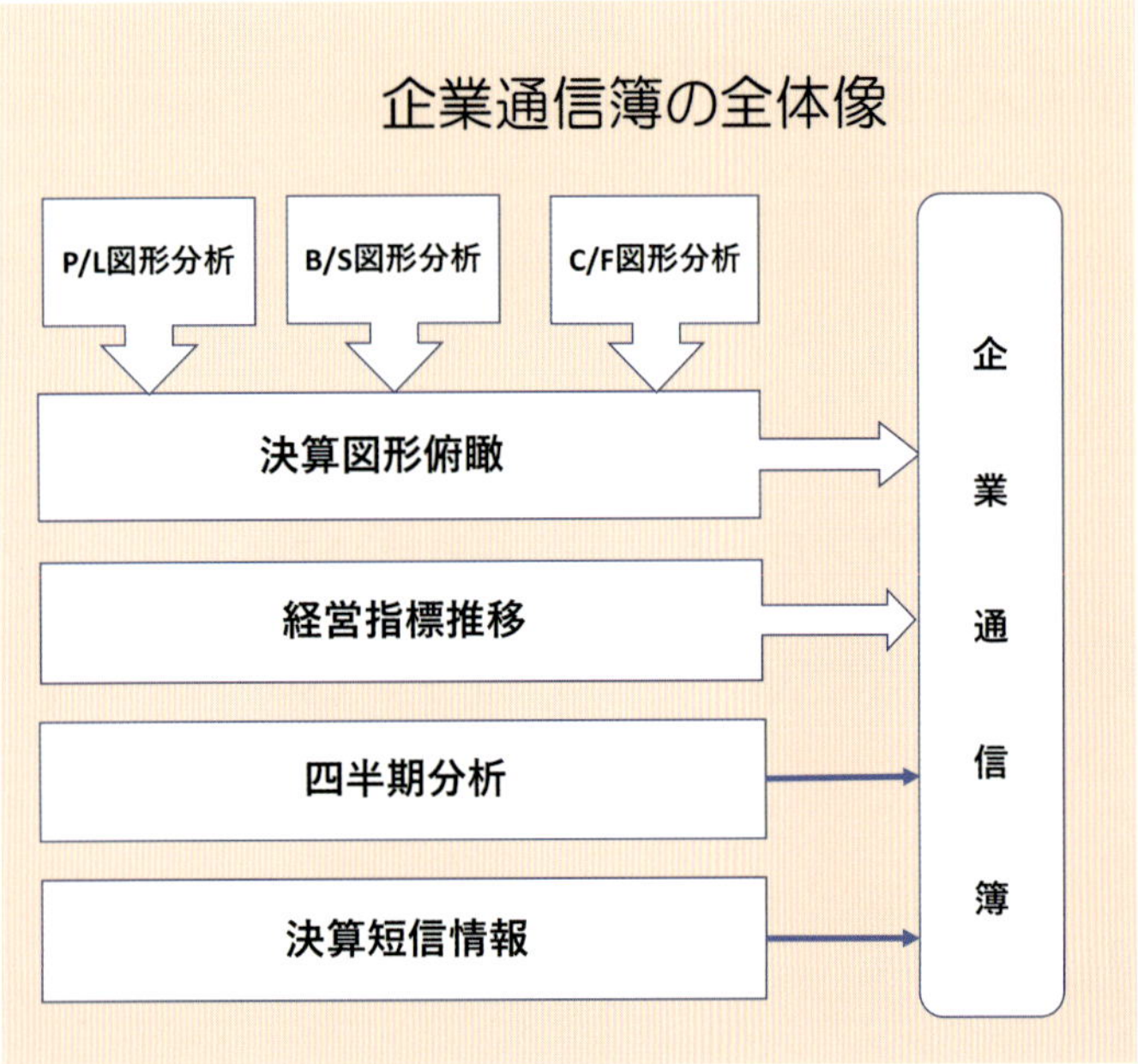

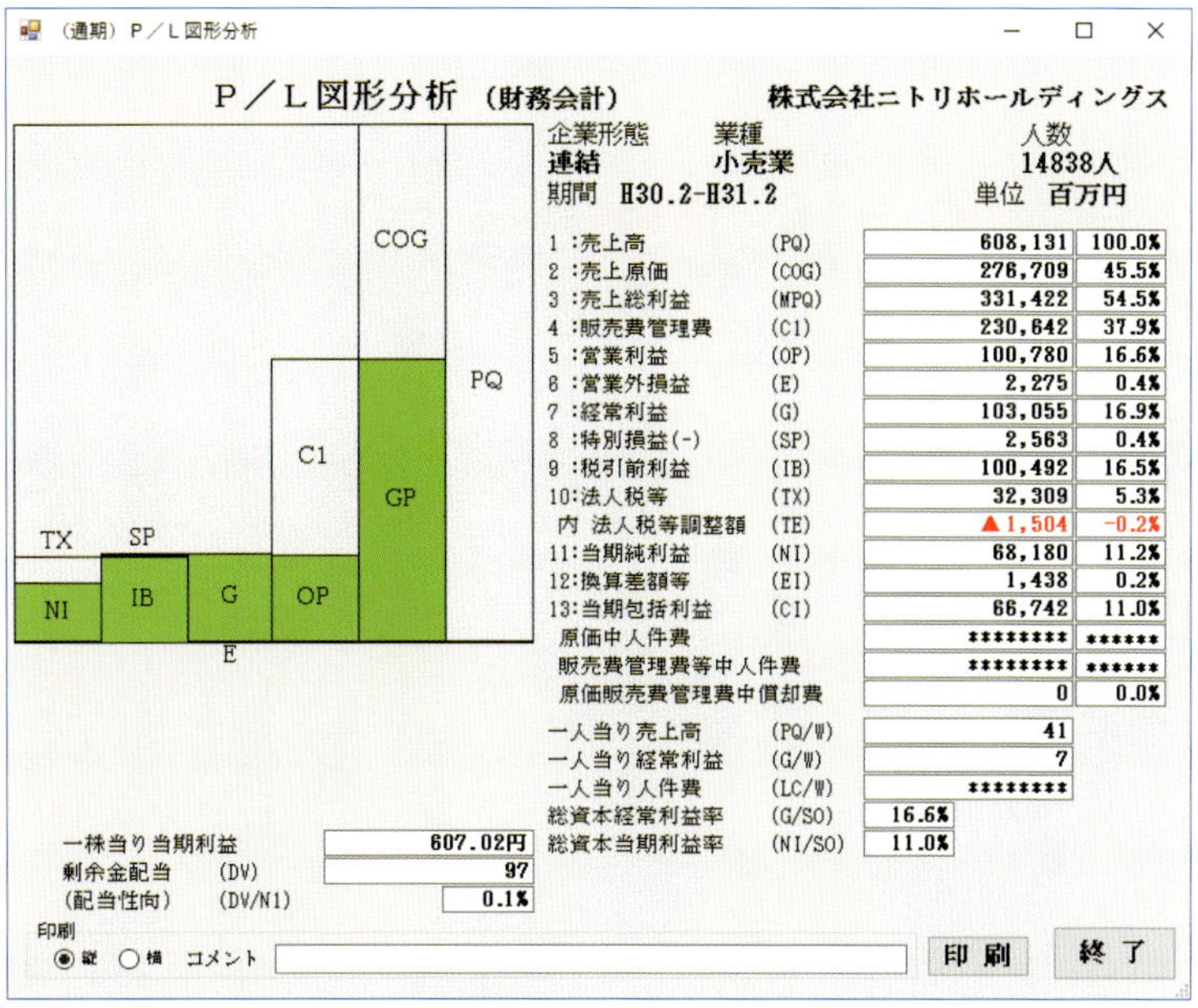

2．個別財務3表分析の操作方法

財務3表のそれぞれの分析は、P／L図形分析、B／S図形分析、C／F図形分析と個別にメニューから選択します。あらかじめ変換し保存されている「企業名＋決算期．g」のGファイルが表示されますので、分析したい決算期の対象会社のGファイルを選択いただくと分析画面が表示されます。左上にP／L図形分析の分析画面を表示しています。印刷せずに分析結果を図形と数値で確認することができます。

プリントする場合は、『印刷』をクリックするのですが、A4プリントの縦型と横型を選べますので、いずれかを選んでからクリックしてください。B／S図形分析とC／F図形分析もP／L図形分析と同じ操作で分析画面や印刷が行われます。

（事例編参照ください）

3．決算書図形俯瞰の操作方法

GFSメニューの「決算書図形俯瞰」をクリックしますと、この分析をするためのファイルが保存されたディレクトリに行きます。ファイルは『企業名××××．g』と表示されたファイルです。〝××××〟の部分は分析対象年度が表示されています。企業名には連結財務諸表が一般的なためその企業名が表示されますが、連結財務諸表の他に個別財務諸表も公表されているため、個別財務諸表も変換されて保存されています。個別財務諸表（EDINET上では財務諸表としている）は、GFSでは『企業名××××（単）』として保存されています。単は、単体（個別）の財務諸表と言う意味です。

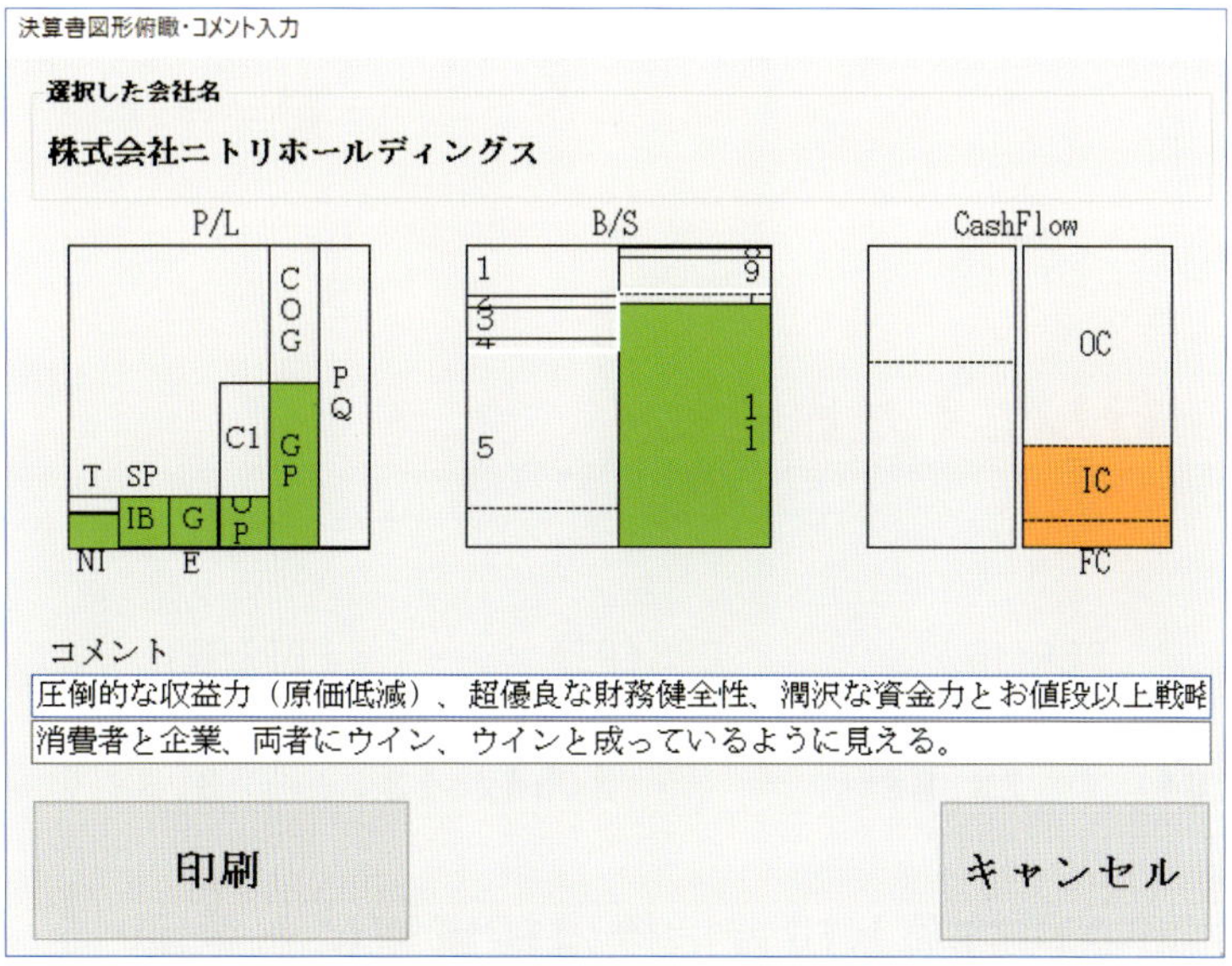

分析したい企業の対象年度ファイルを選んでクリックしますと、左の図のような画面が表示されます。これは、財務3表をそれぞれ分析して図形化されたものを集約して並べたものになっています。

評価者はこれを見てその企業の損益計算書（P／L）、貸借対照表（B／S）、キャッシュフロー計算書（C／F）のそれぞれについて、イメージからのコメントを記載いただくことが望ましいのです。記載は必須ではなく、すぐに『印刷』をクリックすれば少し時間を置いて決算書図形俯瞰の全体をプリントする画面に行きます。コメントは、決められたディレクトリに保存されます。

4. 経営指標推移分析の操作方法

GFSメニューの「経営指標推移」をクリックしますと、分析したい企業ファイルが保存されているディレクトリに行きます。下の図に㈱ニトリホールディングスの例を掲げておきます。業種を選択するところがありますが、業種は参考情報ですので入力がなくても分析可能です。経営指標推移の分析対象としているファイルはCSV形式のファイルです。CSVファイルは、いわゆるテキストファイルで取り込んでこのデータを利用しやすい形式のファイルです。

さて、この経営指標推移について読者がコメントをする方法ですが、まず、分析実行をする画面には4つの株価関連指標（EPS、PER、BPS、PBR）の直近期と5年間の平均が表示されるようにしています。この株価関連指標について読者がこの企業を評価判断してから分析実行のボタンをクリックするわけですが、このボタンの下に『グラフのみを表示／印刷』にチェックをつけるための□があります。この□にチェックを入れますと、主要経営推移の数値は表示されず、グラフだけが表示された画面が現れるようになっています。そこで読者は指標のグラフ表示画面を見てコメントを考え、キャンセルを押すと元の画面に戻りますので、株価関連指標のコメントとグラフ表示のコメントを合わせてコメントを実際に入力していただくと、このコメントは保存されるようになっております。コメントは必須ではありませんので、コメントを入力せず『分析実行』を行うこともできます。印刷用の画面が表示されますので、適宜、プリントいただくと成果物が得られます。

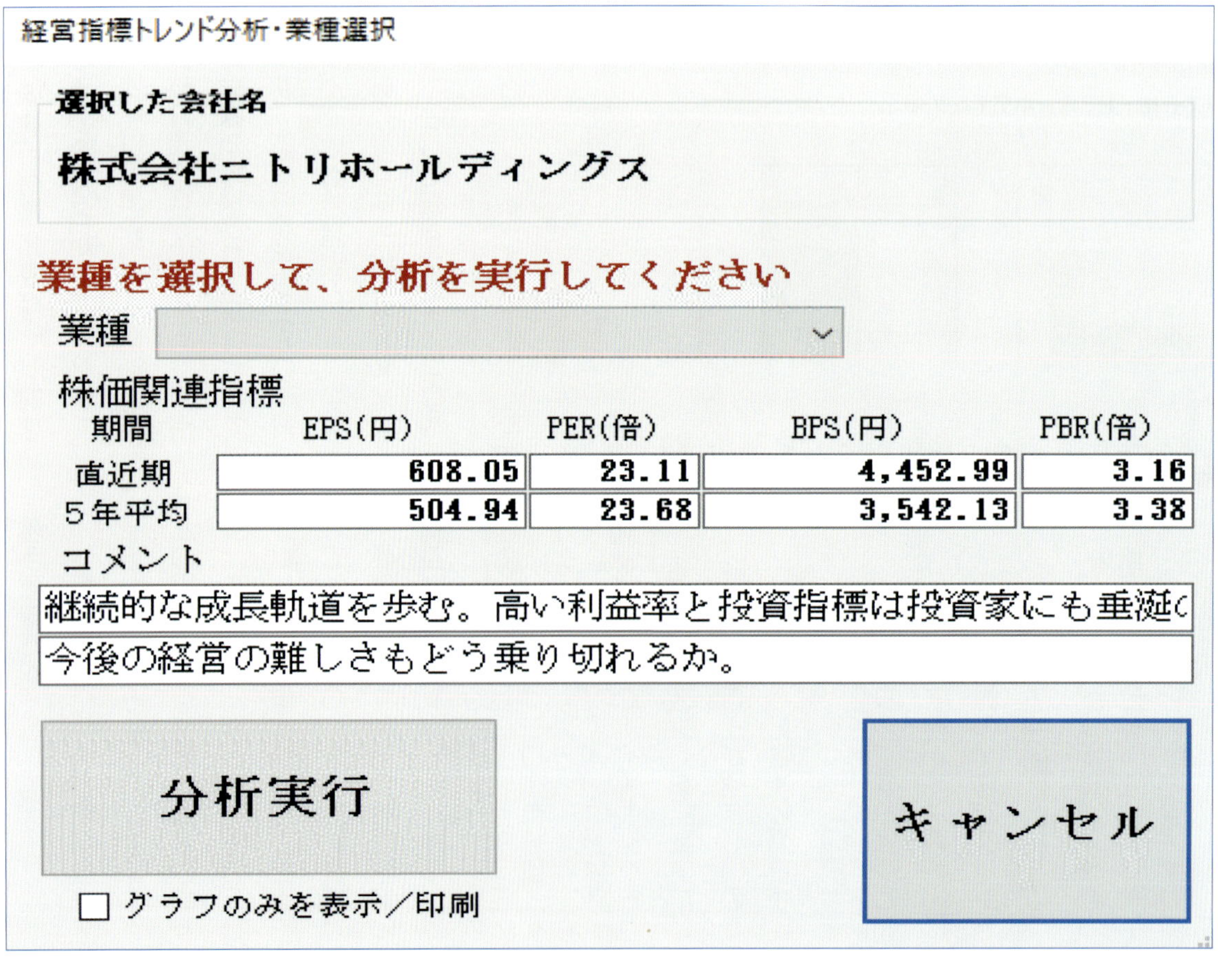

期間	EPS（円）	PER（倍）	BPS（円）	PBR（倍）
直近期	608.05	23.11	4,452.99	3.16
5年平均	504.94	23.68	3,542.13	3.38

継続的な成長軌道を歩む。高い利益率と投資指標は投資家にも垂涎(

今後の経営の難しさもどう乗り切れるか。

5. 企業通信簿の操作方法

GFSメニューで企業通信簿をクリックしますと、分析対象の企業のCSVファイルが保存されたディレクトリが表示されます。企業を選択しますと下の図のような画面が表示されます。下の図は㈱ニトリホールディングスの企業通信簿を選択した画面です。成果物である企業通信簿の具体的なイメージは、事例編に示していますのでご覧ください。

6. コメント入力について

GFSでは財務3表の個別図形分析、決算書図形俯瞰、経営指標推移、決算短信情報等の各メニューにおいて、コメント入力ができるように設計してあります。これらのコメント入力は保存され、企業通信簿の最終頁の「当社評価のコメント総括」の箇所にまとめて表示されます。それでは、コメント入力のための参考事項を記載しておきます。

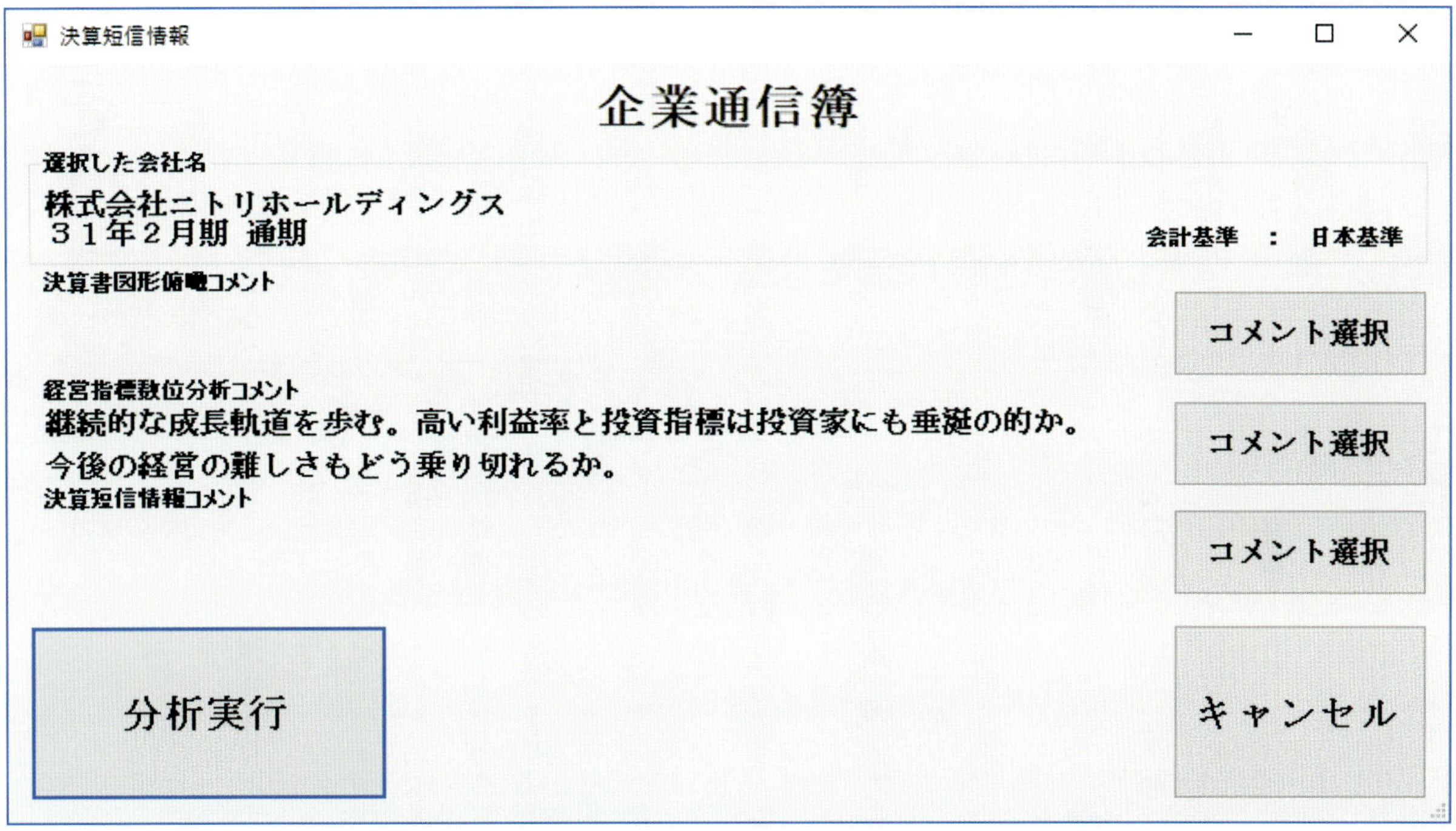

(1) 財務3表の個別図形分析の見方については本書のCoffee Breakの『図形決算書はここを見る』(45頁)に記載していますのでこれを理解し、慣れていただきたいです。図形決算書から収益性、健全性、資金性などを読み取る大きな武器となります。

(2) GFSは電子公開されたEDINET情報の中の財務諸表関連データだけを変換して分析に利用している関係で、限られた情報と言えます。EDINETのPDFで生の企業の有価証券報告書を見ますと、なお多くの数値情報が開示されております。また、数値情報と対極の膨大な文書情報(定性情報)が開示されています、生の公開情報を通読することで企業に対する理解を深め、コメント入力の材料が得られます。

(3) 新聞やテレビのマスコミ情報も企業理解の有用な情報ですのでコメント入力に利用できるかもしれません。

操作編

四半期分析の操作を行う

1. 四半期分析のデータ取得と変換

ここまでの説明は、通期（1事業年度）を対象とした決算書分析を説明してきました。しかし、企業は3回の四半期末（第1四半期、第2四半期、第3四半期）からそれぞれ遅くても45日以内に四半期決算短信情報を発表するとともに、通常その後数日後にEDINETで四半期決算が電子開示されます。そこで本書ではこのEDINET四半期決算データをもとに分析できるようにしています。

既に掲げましたGFSメニュー画面（62頁）の画面右端に四半期データ対象となっているところが四半期分析の選択メニューです。四半期分析をするためには、四半期データを取得し、変換する必要があります。四半期データの取得と変換は、通期データの取得と変換と変わりません。GFSメニューの「EDINETデータ取得とデータ変換」で企業を選び、表示されたEDINET画面から分析する企業の四半期XBRLデータを選択すると保存（ダウンロード）してから『ダウンロードファイルから変換』で四半期分析のGFS用のファイルが「Gファイル」のディレクトリに保存されます。

2. 四半期決算短信入力について

企業が行う四半期決算の発表は、既に述べましたように四半期決算短信として発表され、この決算短信は、その四半期の実績とともに当期の最終業績予想が記載されているのが通例です。そこでこの予想値（売上高、経常利益、親会社帰属当期純利益、配当金）を入力することで前事業年度との比較も可能となります。

そのため四半期データの取得と変換を操作しますと「四半期決算短信情報を入力しますか」と聞いてくる画面が現れます。入力する場合は入力画面に変わり入力できるようになります。下に四半期決算短信を入力するか聞いてくる画面と当期の予想数値を入力する画面を掲げております。

四半期決算短信を入力しない場合は、分析の予想値やグラフが表示されないのは言うまでもありません。配当情報も入力に含めることにしました。

入力するための四半期決算短信をどこから入手するかですが、東京証券取引所の「適時開示情報閲覧サービス」と企業のホームページのいずれかです。後者が遙かに容易です。

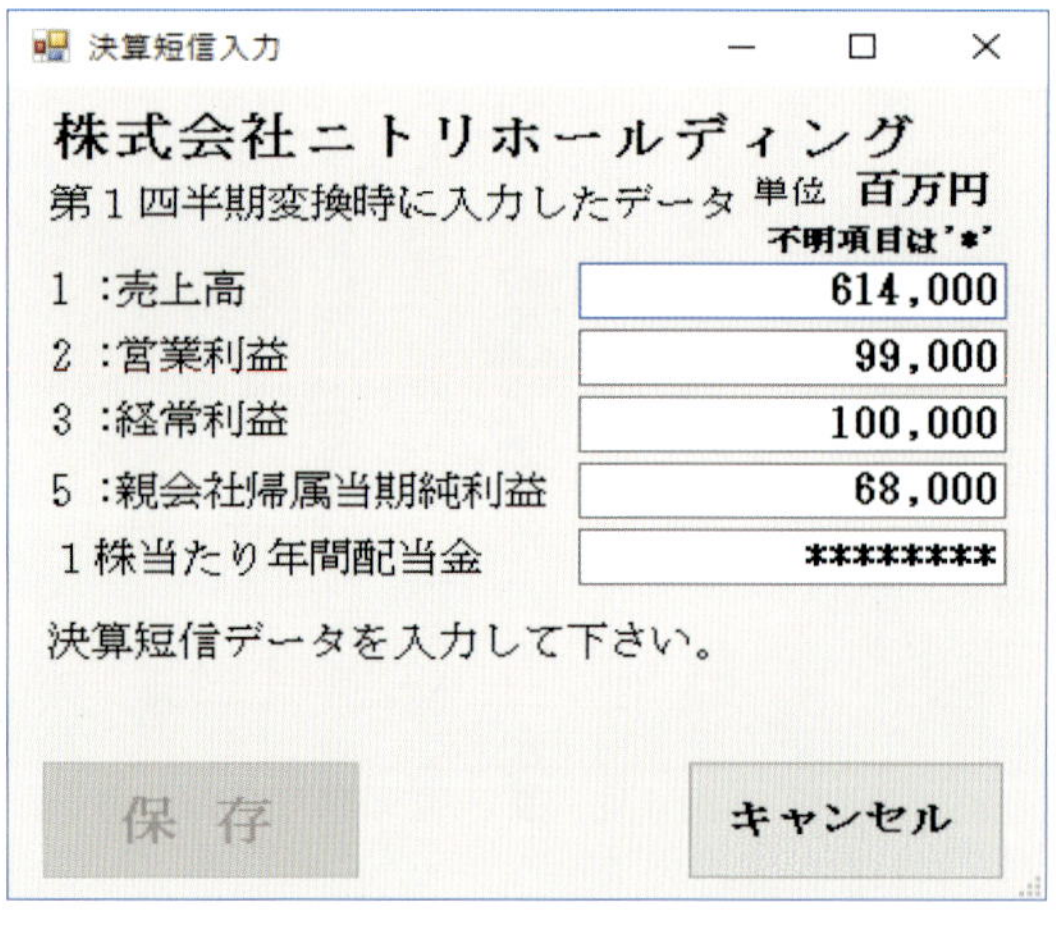

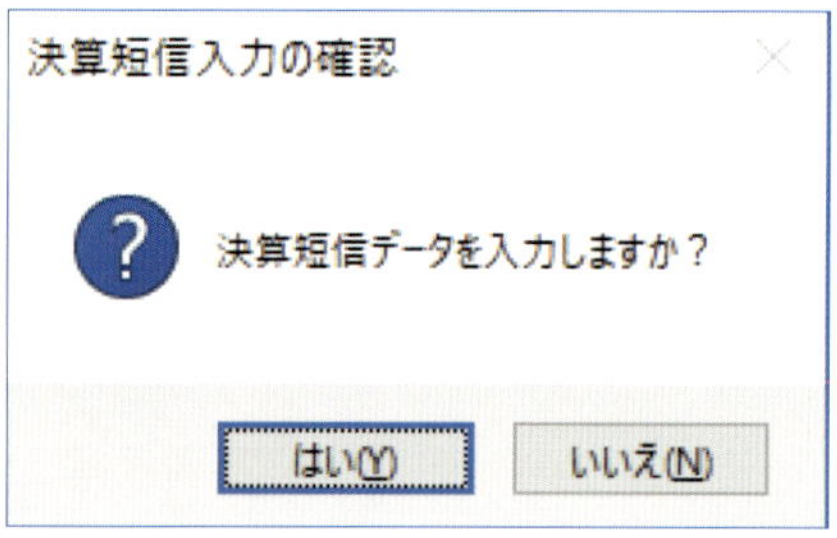

3．四半期分析の操作

四半期分析はメニューからお解りのように、通期分析と同様、P／L分析、B／S分析、C／F分析と選択できるようになっています。しかし、四半期分析の操作は通期分析と多少異なります。四半期決算の特徴は次の通期決算までの経過期間中の変化をアップデートすることです。そこで四半期分析では、まず変換済みの前年度の通期データを基にそれに続く現在進行中の当期の四半期データを呼び出して分析するようにプログラムが作られています。従って、四半期分析をするには前年度のデータを呼び出す必要がありますので、これを示す画面を下に示しています。

四半期決算の特徴は事業年度中の業績の推移と変化をみる経過情報の性格から、中心は収益分析となります。財務状況や資金状況も勿論変化していくのですが、通常はこれらが劇的に変化することは少なく、B／Sは各四半期とも表示されますが、あまり有益と思われません。特に、キャッシュフロー計算書は、通常第1、第3四半期は発表されないためGFSでも開示されません。結局、収益状況の期間中の変化こそが最大の関心事となるわけです。

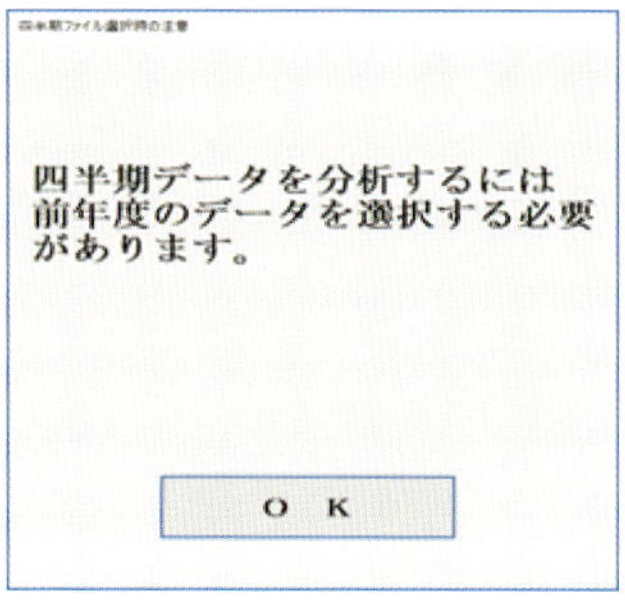

次に示した図が、各四半期の収益状況の当事業年度中の推移を数値情報とともにグラフでその変化を直感できるようにした分析画面です。ボタンを押すことで売上高をはじめ各種の利益概念を選択して見ることができるようにしています。前期実績とともに当期の通期予想値も決算短信から入力すれば表示されているはずです。

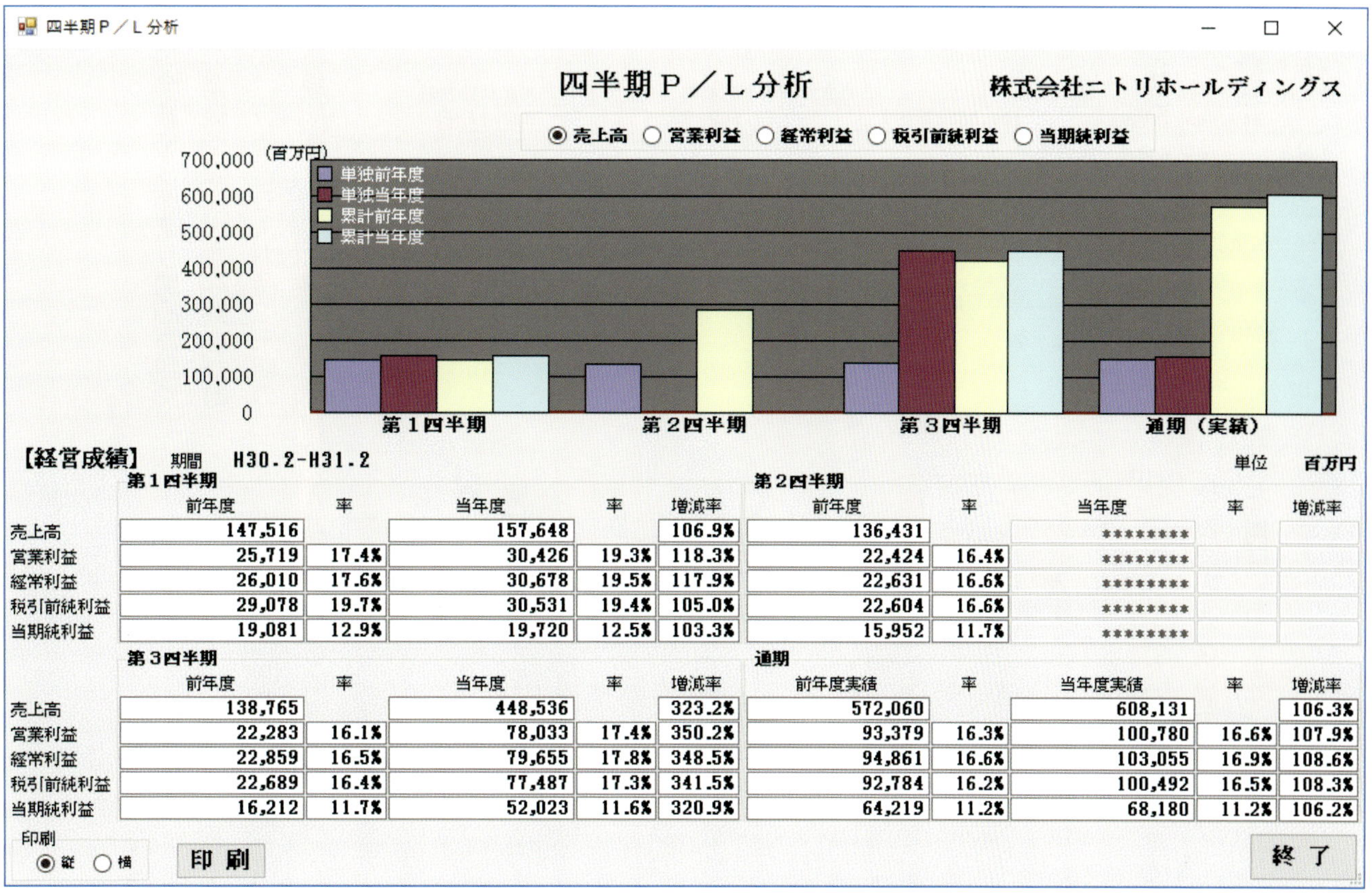

第１四半期

	前年度	率	当年度	率	増減率
売上高	147,516		157,648		106.9%
営業利益	25,719	17.4%	30,426	19.3%	118.3%
経常利益	26,010	17.6%	30,678	19.5%	117.9%
税引前純利益	29,078	19.7%	30,531	19.4%	105.0%
当期純利益	19,081	12.9%	19,720	12.5%	103.3%

第２四半期

	前年度	率	当年度	率	増減率
売上高	136,431		********		
営業利益	22,424	16.4%	********		
経常利益	22,631	16.6%	********		
税引前純利益	22,604	16.6%	********		
当期純利益	15,952	11.7%	********		

第３四半期

	前年度	率	当年度	率	増減率
売上高	138,765		448,536		323.2%
営業利益	22,283	16.1%	78,033	17.4%	350.2%
経常利益	22,859	16.5%	79,655	17.8%	348.5%
税引前純利益	22,689	16.4%	77,487	17.3%	341.5%
当期純利益	16,212	11.7%	52,023	11.6%	320.9%

通期

	前年度実績	率	当年度実績	率	増減率
売上高	572,060		608,131		106.3%
営業利益	93,379	16.3%	100,780	16.6%	107.9%
経常利益	94,861	16.6%	103,055	16.9%	108.6%
税引前純利益	92,784	16.2%	100,492	16.5%	108.3%
当期純利益	64,219	11.2%	68,180	11.2%	106.2%

操作編

通期決算短信情報の操作を行う

1．企業情報アップデート化のための決算短信情報

前節で四半期分析の決算短信入力について述べましたが、ここでは通期の決算短信入力についてです。四半期決算ではその発表からEDINETによる電子開示までは数日であるのに対して、通期の決算期末では企業の決算発表（決算短信情報）からEDINETによる電子開示までは、通常1～2ヶ月遅れます。そのためEDINETによる電子情報を待ってから、決算書図形俯瞰や経営指標推移を分析することは余りにもタイムラグがありすぎます。そこでEDINETを待つことなく企業の発表する決算短信の情報を基に分析する目的で「決算短信情報」というメニューを用意しています。下の図のように、手入力となる点が難点ですが、入力時間はわずかで、それ以上の有効性がありますので実行いただくようお願いいたします。

マスコミなどは企業が発表する当期の業績にはあまり関心が無く、来期の業績予想に大きな関心があります。評価者も入力時に来期の業績予想に注目ください。

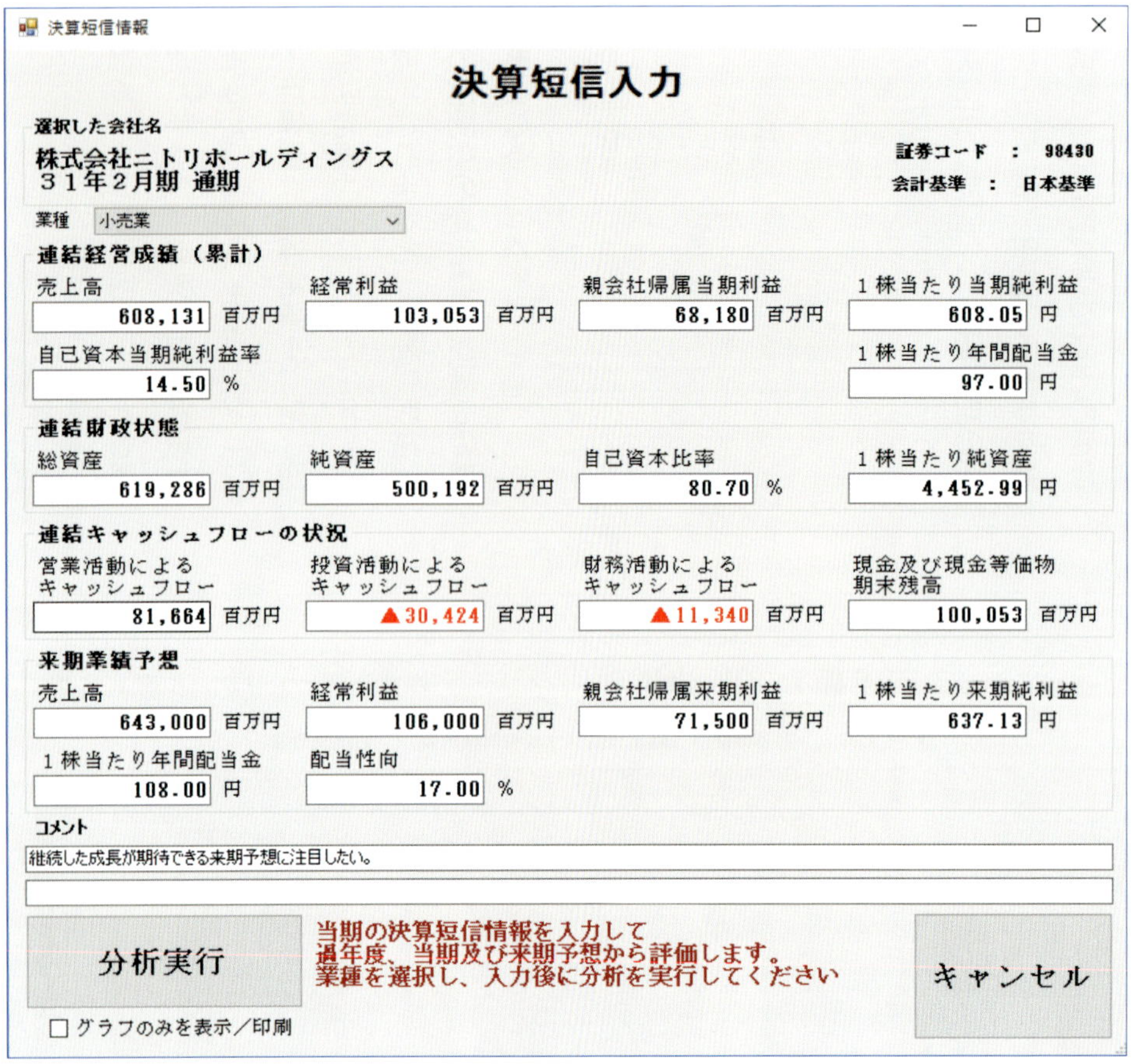

2．コメントとグラフのみ表示を利用ください

上の入力画面をご覧ください。入力が終わるとその下に「コメント」する入力スペースが用意されています。評価者ご自身の所見や今回の企業の決算発表に関する新聞情報などを入力いただくとプリントした決算短信情報に反映されます。（54頁）

画面の左最下行に『グラフのみを表示／印刷』選択タブがあります。決算短信情報はこのタブに□を押さないと各種の経営指標数値とグラフが合わせて表示され、印刷も可能となるのですが、この場合のグラフはスペース的に小さくなるため、数値情報無しのグラフのみを表示・印刷したい時はこのボックスに✓を入れます。

次頁に上の入力の基となる決算発表時の決算短信の表紙イメージを掲げておきます。

2019年2月期　決算短信〔日本基準〕(連結)

2019年４月８日

上 場 会 社 名　株式会社ニトリホールディングス　上場取引所　東・札
コ ー ド 番 号　9843　URL https://www.nitorihd.co.jp/
代 表 者 (役職名) 代表取締役社長兼最高執行責任者(ＣＯＯ)　(氏名) 白井　俊之
問合せ先責任者 (役職名) 財務経理部ゼネラルマネジャー (氏名) 武田　史紀 (TEL) 03-6741-1204
定時株主総会開催予定日　2019年５月16日　配当支払開始予定日　2019年４月25日
有価証券報告書提出予定日　2019年５月17日
決算補足説明資料作成の有無　：　有
決算説明会開催の有無　：　有　(　機関投資家・アナリスト向け　)

(百万円未満切捨て)

1. 2019年2月期の連結業績 (2018年2月21日～2019年2月20日)

(1) 連結経営成績

(%表示は対前期増減率)

	売上高		営業利益		経常利益		親会社株主に帰属する当期純利益	
	百万円	%	百万円	%	百万円	%	百万円	%
2019年2月期	608,131	6.3	100,779	7.9	103,053	8.6	68,180	6.2
2018年2月期	572,060	11.5	93,378	8.9	94,860	8.3	64,219	7.0

(注) 包括利益　2019年2月期　66,742百万円 (　23.5%)　2018年2月期　54,037百万円 (△19.0%)

	1株当たり当期純利益	潜在株式調整後1株当たり当期純利益	自己資本当期純利益率	総資産経常利益率	売上高営業利益率
	円 銭	円 銭	%	%	%
2019年2月期	608.05	606.03	14.5	17.6	16.6
2018年2月期	574.49	571.63	15.4	18.3	16.3

(参考) 持分法投資損益　2019年2月期　511百万円　2018年2月期　37百万円

(2) 連結財政状態

	総資産	純資産	自己資本比率	1株当たり純資産
	百万円	百万円	%	円 銭
2019年2月期	619,286	500,192	80.7	4,452.99
2018年2月期	550,507	441,668	80.1	3,938.89

(参考) 自己資本　2019年2月期　499,721百万円　2018年2月期　440,991百万円

(3) 連結キャッシュ・フローの状況

	営業活動によるキャッシュ・フロー	投資活動によるキャッシュ・フロー	財務活動によるキャッシュ・フロー	現金及び現金同等物期末残高
	百万円	百万円	百万円	百万円
2019年2月期	81,664	△30,424	△11,340	100,053
2018年2月期	76,840	△82,751	655	60,923

2. 配当の状況

	年間配当金					配当金総額(合計)	配当性向(連結)	純資産配当率(連結)
	第1四半期末	第2四半期末	第3四半期末	期末	合計			
	円 銭	円 銭	円 銭	円 銭	円 銭	百万円	%	%
2018年2月期	－	45.00	－	47.00	92.00	10,309	16.0	2.5
2019年2月期	－	47.00	－	50.00	97.00	10,892	16.0	2.3
2020年2月期(予想)	－	54.00	－	54.00	108.00		17.0	

3. 2020年2月期の連結業績予想 (2019年2月21日～2020年2月20日)

(%表示は、通期は対前期、四半期は対前年同四半期増減率)

	売上高		営業利益		経常利益		親会社株主に帰属する当期純利益		1株当たり当期純利益
	百万円	%	百万円	%	百万円	%	百万円	%	円 銭
第2四半期(累計)	323,200	7.1	53,100	△5.0	54,300	△4.3	36,200	△4.6	322.58
通　期	643,000	5.7	104,000	3.2	106,000	2.9	71,500	4.9	637.13

操作編

ツールの操作

1．増減比較と指標比較

　ここではGFSメニューの『ツール』として分類されている3つのメニューのうち、増減比較と指標比較の操作について解説します。この2つのメニューは、これまでの分析が特定の1事業年度のみを対象としているのに対して2期間の金額の増減比較を行う「増減比較」と各種指標の比率比較を行う「指標比較」を扱っています。この2期間は同一企業の異なる期間でも、競争企業などの別の企業の同一期間のでもかまいません。2つのデータを比較することで数値の増減や指標比率の変化を見ようとするものです。

　以上のような分析による変化を見るためには、当然のことながらあらかじめデータファイルが保存されている必要があります。このファイルの作成方法は、これまでに述べてきた各種の分析のためのファイルを利用します。

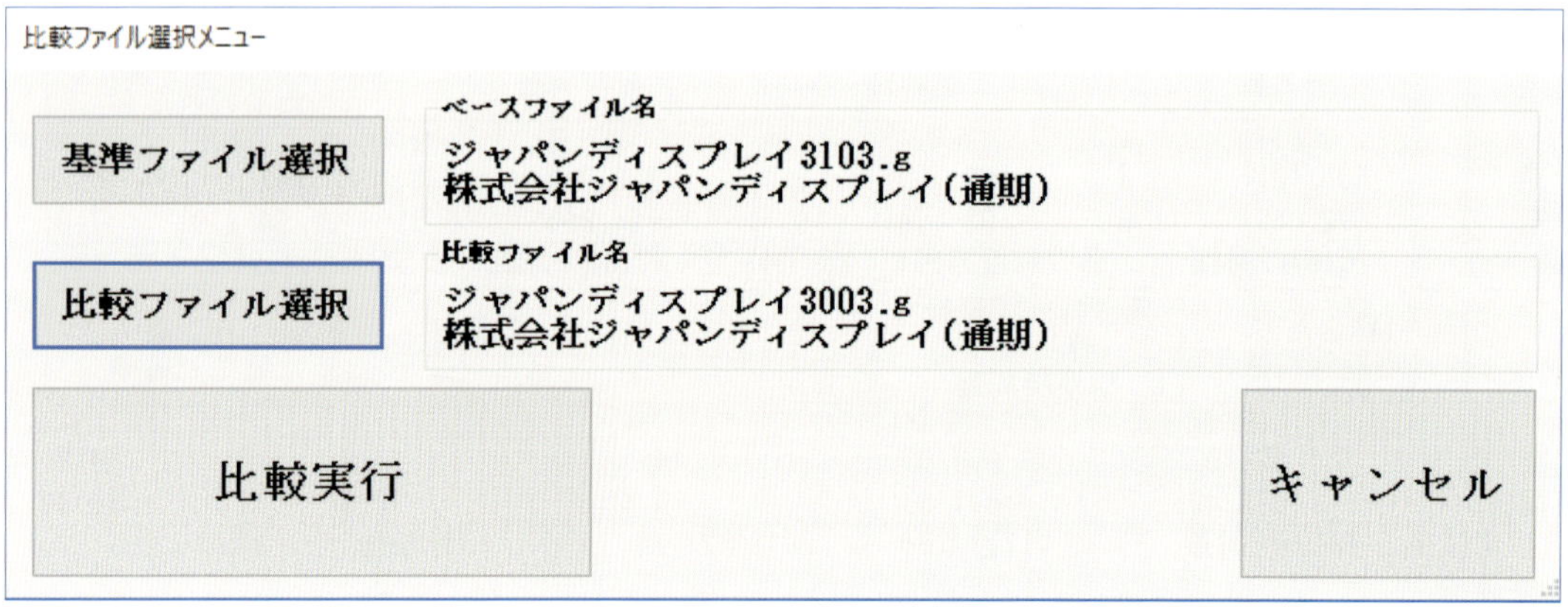

　上の図は、GFSメニューの増減比較と指標比較を選択した時に表示される画面イメージです。

　2期間を比較するため、基準ファイルと比較ファイルのそれぞれを選びます。当期と前期とを比較する場合、基準ファイルは当事業年度、比較ファイルは前事業年度としてください。

　ファイルを選んで分析実行を押すと、2期間の金額の表示の他にP／LとB／Sの図形イメージが表示されます。画面の右下に「印刷」のタブがありますのでこれをクリックしますとA4縦型のプリントが出力できます。事例編に㈱ジャパンディスプレイの事例を示していますのでご覧ください。(56頁)

2．有報データ補正入力の操作

　GFSの「EDINET特化」メニューはEDINETの公開されているデータから各種の決算書分析を行うものです。そのため、後からデータを取り込んだり、修正したりすることは元々予定していません。

　しかし、決算書分析をより深く行いたい時に知りたい基本項目があります。例えば減価償却費や人件費などです。EDINETでは減価償却費や人件費の情報は、断片的に各所に提供されてはいるのですが、その総額や人件費の原価と販売費管理費別の金額などは注記を分析するなど個別に見ていかないと知ることができません。また、一般投資家が知りたい情報として評価時点の企業の時価や1株当たりの当期純利益や純資産などがあります。時価は常に株価の変動とともに変動しますので、EDINETで提供されているある時点の情報だけでは不十分と言えます。そこで、GFSは事後的にこれらの情報を入力することにより分析に利用するために「有報データ補正入力」を用意しております。

　メニューのツール『有報データ補正入力』をクリックしますと、『Gファイル』のディレクトリに保存されている企業ファイルが表示されますので補正入力したいファイルを選びます。キャッシュフロー計算書に補正入力する項目はありませんので、損益計算書と貸借対照表の補正入力が対象となります。

　下の図は貸借対照表（B／S）項目の補正をする画面です。画面を見ますと、『内 定期預金』の項目が「＊＊＊＊」となっていて数字が入っていません。これはEDINETで提供されるデータには現預金はありますが、そのうちの定期預金の金額は提供されていませんので「＊＊＊＊」となっているわけです。ここには画面を示していませんが、損益計算書（P／L）では人件費や減価償却費が「＊＊＊＊」となっていますので補正入力が可能です。

　さて、B／Sの画面をご覧ください。画面の下の太い横線の下に、

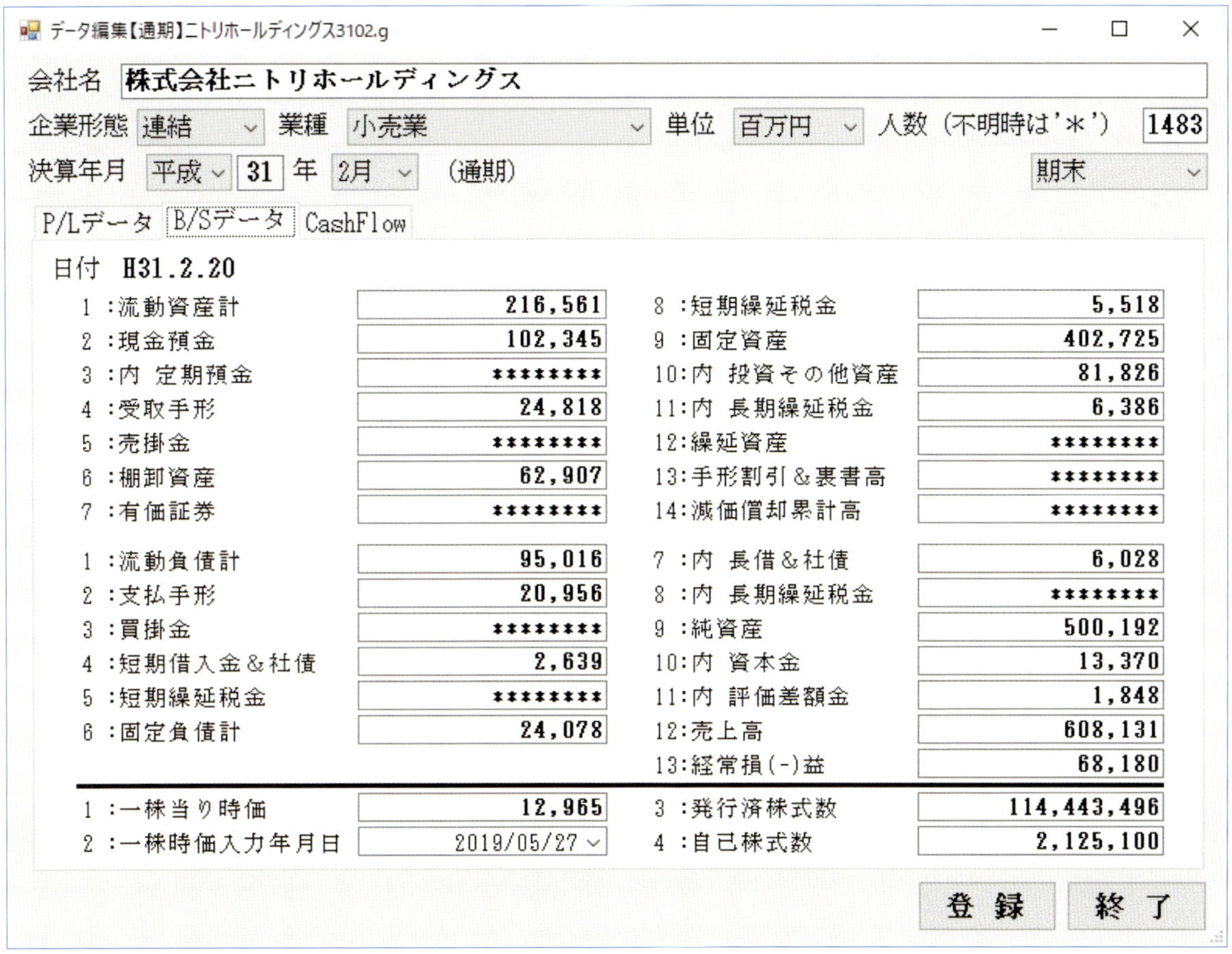

「1株当り時価」、「1株時価入力年月日」、「発行済株式数」、「自己株式数」が表示されています。これらの項目は入力ができるようになっています。時価を入力する年月日にはカレンダーが付いていますので、年月日を入力し、株価を入力するわけです。

　発行済株式数と自己株式数を入力しますとプログラムで1株当り純資産や1株当り当期純利益や時価総額を計算するようにしてあります。発行済株式数や自己株式数は、EDINETのPDFで該当箇所からこの情報を取り出して（有価証券報告書の該当ページをプリントするなどしてから）入力いただくこととなります。

　こうしてP／LやB／Sの補正入力された情報は、個別財務3表の図形分析に反映されます。EDINETデータを基に行う分析に加えて補正入力した情報も反映されるわけです。

著者プロフィール

戸奈　常光（とな　つねあき）

公認会計士・税理士。大阪市立大学商学部卒業後、同大学院修士課程修了。
外資系会計事務所で約 10 年間、スモールビジネスと米国会計基準・監査という両極端の実務を経験後、日本の小規模監査法人に移り、その後数次の合併により朝日監査法人を経て現在の有限責任あずさ監査法人まで約 30 年間、上場企業の監査に従事。平成 17 年 6 月定年退職し、これまでの経験を中小会社の経営改善に活かしたいとの考えから個人事務所を開設。平成 27 年 6 月に 10 年間の会計・税務業務を後継者に承継し、原点であるスモールビジネスの会計・税務・IT に特化するとともにライフワークである決算書の図形分析ツール（GFS）の普及に取り組む。システム監査技術者、ＩＴコーディネータ。

決算書分析はこれで決まり!!　企業通信簿

2019 年 10 月 25 日　第 1 刷発行

著　者　戸奈常光
発行人　大杉　剛
発行所　株式会社 風詠社
〒 553-0001　大阪市福島区海老江 5-2-2
大拓ビル 5 - 7 階
Tel 06（6136）8657　http://fueisha.com/
発売元　株式会社 星雲社
〒 112-0005　東京都文京区水道 1-3-30
Tel 03（3868）3275
装幀　2 DAY
印刷・製本　シナノ印刷株式会社

ISBN978-4-434-26648-5 C2034